NANO HOUSE

世界で一番小さな家

NANO HOUSE

世界で一番小さな家

小さな住宅への新たな提案

フィリス・リチャードソン 著

X-Knowledge

PHYLLIS RICHARDSON

フィリス・リチャードソン

ロンドン在住。XSシリーズ、バルセロナ、ロンドン、パリのスタイルシティシリーズの3作（Thames & Hudson刊）の3作、コンテンポラリーナチュラル、ハウスプラス&リビングモダンなどを含むインテリア、デザインおよび建築に関する著書多数。

First published in the United Kingdom in 2011 by Thames & Hudson Ltd, 181A High Holborn, London WC1V7QX.

Designed by Peter Dawson.
www.gradedesign.com

British library cataloguing-in-Publication Data.
A catalogue record for this book is available from the British library.

Printed in China

日本版デザイン：TAKAIYAMA inc.

CONTENTS

目 次

INTRODUCTION 008
序 説

1

BUILT COMPACT HOUSES 012
コンパクトな家を建てる

VILLA HERMINA〈ヴィラヘルミナ〉 014
HŠH Architekti
ツェルニン／チェコ

HOUSE IN HIRO〈広の家〉 018
サポーズデザインオフィス
広島／日本

CASA XS〈カーサ XS〉 022
BAK Arquitectos
マールアズール／アルゼンチン

XXS HOUSE〈XXS ハウス〉 026
Dekleva Gregorič Arhitekti
リュブリャナ／スロベニア

L41 032
マイケル・カッツ，ジャネット・コーン
ブリティッシュコロンビア州バンクーバー／カナダ

HOUSE LINA〈ハウスリナ〉 036
ウルリッヒ・アスペッツベルガー，Caramel Architekten
リンツ／オーストリア

TRAILERWRAP〈トレイラーラップ〉 042
マイケル・ヒューズとコロラド大学ボルダー校の学生たち
アメリカ

A FOREST FOR A MOON DAZZLER 048
〈ア・フォレスト・フォー・ア・ムーン・ダズラー〉
ベンジャミン・ガルシア・ザクセ
グアナカステ／コスタリカ

ONE+MINIHOUSE〈ワン+ミニハウス〉 052
Add-A-Room
ストックホルム／スウェーデン

2

SMALL AND MOBILE 056
小型で移動可能な家

BLOB〈ブロブ〉 058
dmvA Architecten
アントワープ／ベルギー

SILBERFISCH〈シルバーフィッシュ〉 064
Confused-Direction
オルデンブルグ／ドイツ

FINCUBE〈フィンキューブ〉 068
Studio Aisslinger
ボルツァーノ／イタリア

SHELTER NO. 2〈シェルター NO. 2〉 074
Broissin Architects
テポトツォラン／メキシコ

ROLL-IT〈ロールイット〉 078
カールスルーエ大学建築建設工学科
ドイツ

POD HOME〈ポッドホーム〉 082
リサ・ティルダー，ステファン・トゥーク
オハイオ州立大学／アメリカ

ARKIBOAT〈アルキボート〉 086
ドリュー・ヒース
シドニー／オーストラリア

BUBBLE HOUSE〈バブルハウス〉 090
MMASA Arquitectos
コルーニャ／スペイン

3

MICRO-RETREATS 094
極小の家たち

CASA INVITADOS〈カーサインヴィタドス〉 096
AATA Arquitectos
リカンチェウ／チリ

MERRY-GO-ROUND HOUSE 100
〈メリーゴーランドハウス〉
ビュロー・イラ・コース
ドレンテ／オランダ

VACATION CABIN〈ヴァケーションキャビン〉 106
Stephen Atkinson Architecture
コロラド州ドゥランゴ／アメリカ

LE CABANON〈ル・キャバノン〉 110
シリル・ブリュレ，Atelier Correia
ヴィリエール・アン・モルヴァン／フランス

CHEN HOUSE〈チェンハウス〉 114
Casagrande Laboratory
台北市三芝／台湾

SUNSET CABIN〈サンセットキャビン〉 118
Taylor Smyth Architects
オンタリオ州レイクシムコ／カナダ

EARTH HOUSE〈アースハウス〉 124
BCHO Architects
京畿道／韓国

HOLIDAY HOUSE〈ホリデーハウス〉 128
Paan Architects
ヴァト／スウェーデン

BATH HOUSE〈バスハウス〉 132
クレイグ・チャットマン，ARKit
ヴィクトリア州コリングウッド／オーストラリア

4

BIG IDEAS FOR LOW ENERGY 136
低エネルギーのための大きなアイデア

PACO 3M3〈パコ3M3〉 138
長坂常，スキーマ建築計画
東京／日本

BOXHOME〈ボックスホーム〉 142
Rintala Eggertsson Architects
オスロ／ノルウェー

SILO HOUSE〈サイロハウス〉 147
コーネル大学
ソーラーデカスロン2009／アメリカ

SOLAR HOUSE I〈ソーラーハウス I〉 152
オハイオ州立大学
ソーラーデカスロン2009／アメリカ

LUMENHAUS〈ルーメンハウス〉 156
バージニア工科大学
ソーラーデカスロン・ヨーロッパ2010／スペイン

IKAROS HOUSE〈イカロスハウス〉 160
ローゼンハイム大学
ソーラーデカスロン・ヨーロッパ2010／スペイン

NAPEVOMO〈ネープヴォーモ〉 164
Arts et Métiers ParisTech, Bordeaux
ソーラーデカスロン・ヨーロッパ2010／スペイン

FABLAB HOUSE〈ファブラボハウス〉 168
IAAC with the MIT Center for Bits and Atoms
ソーラーデカスロン・ヨーロッパ2010／スペイン

SMARTBOX〈スマートボックス〉 174
ヴッパータール大学
ソーラーデカスロン・ヨーロッパ2010／スペイン

5

BIG IDAES MULTIPLIED 180
増殖する大いなるアイデア

INSTANT LUNG〈インスタントラング〉 182
リシャルド・リヒリキ，2RAM
ミラノ／イタリア

MORERAVA COTTAGES 186
〈モレラヴァコテージ〉
AATA Arquitectos
イースター島／チリ

HOUSE ARC〈ハウスアーク〉 190
Joseph Bellomo Architects
ハワイ／アメリカ

MEADOW COTTAGES〈メドウコテージ〉 194
Patkau Architects
ペンシルバニア州ミル・ラン／アメリカ

SOE KER TIE HOUSES〈ソーカータイハウス〉 198
TYIN Tegnestue
ターク州ノーボ／タイ

PEAK SERIES〈ピークシリーズ〉 204
VisionDivision
ソルナ／スウェーデン

HALF-A-HOUSE〈ハーフ・ア・ハウス〉 208
Elemental Chile
モンテレイ／メキシコ，ミラノ／イタリア

PROJECT CREDITS 214

ARCHITECT INFORMATION 218

PICTURE CREDITS 223

INTRO-
DUCTION

序説

SPACE-
SAVING
IDEA

場所をとらないアイデア

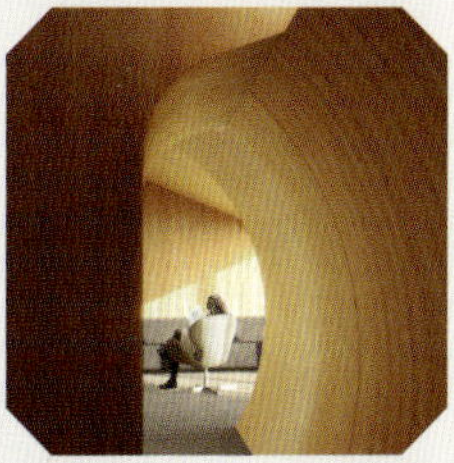

エネルギーをいかに生み出し、それをどう効率よく利用するかは、今や、ごく一般的な関心事となっている。そのなかで、建築物の面積を小さくすることと、そこで消費されるエネルギーを減らすことは、この課題に対する合理的な解答なのだと、多くの人々が考えるようになった。「月面に降り立つことさえできたわれわれ人類なのだから、地球に害を及ぼさずに家を温めることぐらい、わけなくできる」と主張する人もいるだろう。だが月までの距離を辿らずとも、別の発想が湧く可能性はある。たとえば、「日常生活を満足に送り、ちょっとした贅沢も楽しむためには、いったいどれくらいの大きさの“囲まれた空間”が必要なのか？」──という観点だ。

折り畳み式で再利用できる住宅をみんなが受け入れるべきだとか、宇宙船と同じくらいのサイズの場所に住むべきだと提案しているわけではない。確かに、最小限のシェルター（1,000年もの間使われてきたユルト※のような）で幸せに暮らす民族は存在するが、先進国に暮らす多くの人々は、より洗練された日常生活に慣れ親しんでいる。しかも、想像が難しい将来的な影響に対処するために、人々に科学技術（および快適性）の進歩を断念するよう提案したところで、うまくいくとは思えない。

空間を、より魅力的で実用的、かつ満足がいくように利用することができたら、大聖堂のような高い天井をいまだに好んだり、涼しい夏の朝にセントラルヒーティングをつけることが贅沢の定義だと考えたりするような人たちの本能にすら、効果的に訴えることができるかもしれない。

本書の目的は、単に上手くデザインされた小さな住宅や、極端に小さな家、私たちが好んで“Nano house”と呼ぶものを集めて披露することにあるわけではない。空間や資源、素材を小さなスケールで有効利用し、評価を明らかにしている構造体に注目しているのである。奇妙で実験的に見える家があるかもしれないし、その他の家は後古的なのアプローチをとっているかもしれない。しかし、すべての家が、デザインと効率性、サステナビリティ、プロポーション、調和性、機能性、そして必要性について議論を巻き起こすはずである。世界中から集められた40例以上のプロジェクトは、上記のすべての要素の面において、ミニマルな居住空間の可能性を考え直し、より小さくつくる場合でも改善の余地があるか、ということを問いかけている。

そのため、小さなログキャビンやボートの内部のような標準的な建築形式は選ばなかった。いずれも、ミニマルな空間の有効利用と経済性を考慮した生活を満たす類型であり、より効率的な住宅を考える際の参考にすべき形式である。本書でも、それぞれいくつかの例を紹介している。しかし今回は、革新と実験の精神に則り、“より優れた建物とは”という問いかけに対して新しい何かを提案している住宅、少なくとも住居のクオリティと資源活用の向上に貢献できると思われる住宅だけを選んだ。

住空間における最低限必要な条件に関して、ル・コルビュジエほど正確に記述した有名な人物はおそらくいないだろう。彼の見解では、住宅の機能とは「①暑さ・寒さ・雨・泥棒・詮索好きな人から身を守るシェルター、②日光を貯蔵する容器、③調理・仕事・私生活それぞれにあてがう部屋数」を提供することである。それは、非常に大ざっぱなレシピではあるが、いずれも新しい要素を追加することができる。彼はまた、私たちが本当に必要なのは「修道士が使うような個室で、よく光が差し込み、暖かく、星を見上げるコーナーがあること」と主張した。ここで語っていたのは、彼自身が自分と妻のためにフランスのリビエラ海岸に建てた、予想外にロマンチックで小さな「キャバノン」（休暇小屋）のことかもしれない。細心に設計されたこの家の家具は、すべてきちんと組み込まれ、畳んでしまうことができる。居心地のよい、家庭的な雰囲気さえある住居であった。都合よく彼のお気に入りのレストランの隣に建っていて、小さなキッチンで料理をするのが面倒なときには、そちらでの食事もできる。

ル・コルビュジエの極端な構想を笑うのは簡単だが、広く普及し頻繁にコピーされたコンセプトと同様に、粗末なイミテーションを忘れて一度原点に戻ってみるとよい。そして、そもそもなぜ人々をそれほどまでに魅了したのか、その真実の核心を突きつめるべきである。

先進国に住む私たちのような者は、どれだけ節約して暮らしても、必要最低限な状態に比べれば、より多くの快適さや快楽、そして贅沢までを併せ持つことができるだろう。このように考えると、必要不可欠なものを削ぎ落とすことは出発点であり、目的ではない。そこからまた築き上げることで、今、私たちに必要な代案を発見することができるだろう。一からやり直すことは素晴らしく、変化に富んだ結果をもたらすものである。なぜ4枚の壁や直線的な形から始めなくてはいけないのか。内部空間を最大限に確保しようとすれば、その外形はもう少し奇抜にならざるを得ないかもしれない。さまざまな選択肢を探ってみる価値はある。

本書の5つの章では、大きな型式に転用可能な住宅の類型に焦点を当てている。本書で紹介するすべての建物は内部面積が75m²以下で、さらにそのほとんどが50m²以下である。第1章では、実際に家族が暮らす住宅を紹介する。第2章では、移動が可能な建物を紹介する。車輪が付いているものや水に浮かぶもの、クレーンで持ち上げられるもの、横に転がして移動できるものなどである。第3章では“極小の隠れ家”を紹介する。いずれも週末や休日を過ごすために建てられた家で、小さな空間としては最も受け入れやすい例かもしれない。第4章では、高いエネルギー効率を主旨とする住宅を扱っており、第5章では多目的利用が可能な住まいに焦点を当てている。それらは、レジャー用だけでなく、貧しい人々も住めるような低価格の住宅や、家を失った人々のための緊急シェルターといった、深刻な事態にも対応できる住居である。

※ユルトとは、南シベリアや中央アジアのトルコ系諸民族が使用する天幕のこと。モンゴル高原の遊牧民が使用するゲルも同様のもの。中国語ではパオと呼ばれる。

1

BUILT COMPACT HOUSES

コンパクトな家を建てる

居住空間が75m²の家に住むことを想像してみると、多くの人が、何とか暮らせるだろうとは思えても、その家が豪華で上質なデザインだとは想像しないだろう。この章では、「小さな住まい＝質素な暮らし」という概念を覆すプロジェクトを紹介する。開放的な空間は少ないかもしれないが、限られたスペースの有効利用と徹底した機能の配置により、それらの住宅は小ささを感じさせない。

小さなスペースが必ずしも設備を詰め込んだ居心地の悪い住宅を意味するわけではない。これらの住宅は、限られた面積でも予期する以上の技術革新が可能であることを証明している。ここで紹介する住宅は、建物の“階層”に関する実験を試みている。たとえば、チェコの「ヴィラヘルミナ」（→P.14）は、内部の空間がすべて傾斜で構成されているように見えるが、実際は、空間を無駄遣いする階段の代わりに、融通が利く傾斜路を利用して合理的な空間を各階に設けている。日本の「広の家」（→P.18）では、採光を確保する外部空間と庭のような内部空間を設けるため、敷地を限度いっぱいに活用して必要な容積を確保している。

また、新たに素材と平面に注目した家もある。バク・アルキテクトスが手掛けた、アルゼンチンに建つ「カーサ XS」（→P.22）は、その大胆な素材の使いこなしと創作的な開口部によって、その地域特有の森林住居から逸脱している。オーストリアの「ハウスリナ」（→P.36）は、床面を延長してデッキ部分を囲む壁として立ち上げ、折り曲げた屋根面も外壁の一部を形成させている。その手法は時として、コンパクトなプレハブのモジュール式ユニットであったりする。たとえば、カナダの「L41」（→P.32）は、プレハブ用に設計されており、増築可能な間取りをもつ“積み重ね可能”のマルチユニット住宅である。また、「ワン＋ミニハウス」（→P.52）は、いくつもの小さな建物で構成されるスウェーデンのサマーハウスの伝統的な様式を引用している。一戸建てもしくはつなげることで、より大きな住居群としても利用できるといったアイデアを改善して生まれたものである。

古い形のリメイクもある。コロラドの“再度包まれた”「トレーラーラップ」（→P.42）はコスタリカの「ア・フォレスト・フォー・ア・ムーン・ダズラー」（→P.48）とは掛け離れているが、両方とも馴染みのあるものを再考して表現している。コロラド大学ボルダー校の学生たちによるプロジェクト、トレーラーラップは、古くて誰も見向きもしないトレーラーハウスの効率性を維持しつつ、素材とインテリアの改善を試みている。ムーンダズラーはモダンな形態ではあるが、伝統的な工法と地産材を用いることで環境に配慮している。

いくつかは休養や娯楽を目的として建てられているが、すべて年間を通して利用可能な住居であり、必要な設備を持ち合わせている。清潔でモダンで明るいインテリアや、屋外テラス、最新の設備、エネルギー効率のよい構造、さらには月がよく見えるなど、もっと広い住宅にも備わっているとは限らないような、快適な設備を装備している例もある。こういったさまざまな特典は、小さな空間では上質な生活を送れないという考えに対して、間違いなく異議を唱える。

A Filming Slant

斜に構えた家

ヴィラヘルミナ

VILLA HERMINA

Architect: HŠH Architekti
Location: ツェルニン／チェコ
Area: 59m²

建築家曰く、「この家には長い誕生秘話がある」らしい。この家のコンセプトは、1999年にプラハで行われたエキシビション「スペースハウス」のために計画したプロジェクトから生まれた。それは、オリジナルの芸術作品となるようなマイホームを建てたいと願う施主の興味を引いた。その後10年にわたり、施主と建築家はさまざまな手法について議論を重ね、最終的に、この非常に風変わりで無骨なデザインに至った。その内部空間はフレキシブルであり細かく調整されている。長い議論に至った理由の一つは、エキシビションでは異なる6つのデザインが展示されていたためである。それらは、現代建築において明るさや素材などへの関心のために、物理的空間がおろそかにされていると考えているデザイナーたちの信念を主張する空間コンセプトのバリエーションであった。そうなると、空間への考察が10年の議論に至ることは当然のように感じるが、彼らの会話の結果を注意深く観察すると、HŠHの3人組が何を達成しようとしたのか見えてくる。

このプロジェクトを見ると、最初に2つのことに目が引かれる。それは、傾斜と化粧的な漆喰である。ピンク色のマシュマロのような仕上げは、この家の生意気な傾斜以上にふざけた印象を与える。しかしその外観は、実用性とひらめきの両方によって素直に表現されたものである。この化粧漆喰は、熱と湿気への耐性があるポリウレタンの吹付けである。そして、デザイナーのお気に入りの建築家、ルードヴィック・レオによる「Versuchsanstalt für Wasserbau und Schiffbau」（ベルリン）の剥き出しになった巨大なパイプのパステルピンクと同じ色だ。しかし、本当に面白いのはこの家の内部空間である。ごく普通の2層の床を対角線上に横切る傾斜路によって（2つの場所を行き来するだけの階段ではなく）さらに床空間が生まれ、主要な部屋と収納へのアクセスも可能になっている。

そして、さらに目立つ色調（鮮やかな緑）を仮面としている。空間自体は論理的かつ順応性があり、住まい手のニーズに応じて変更できる、創意工夫に富んだ仕切りや造作が備え付けられている。最下階の子供部屋と書斎から片持ち梁の最上階の主寝室まで及ぶ家全体の計画には、このようなフレキシビリティが必要とされるのだ。キッチンと浴室は落ち着いた水平面上に配置され、座る場所は天井から吊られている。そして低いほうの傾斜路からプロジェクターがポンと飛び出ると、傾斜のついた完璧な映画館ができあがる。

この最後の特徴は偶然の出来事ではなかった。自然がつくり出す傾斜を家の中に取り入れることは、単なるテクニックの誇示ではない。施主は自称・映画愛好家で、主な要項に「プロ並みの設備で映画を上映できる部屋」とあった。このため、建築家たちは敷地の傾斜を実に上手く利用したのである。しかし実際に角度が21°あり、ホームシアターのための座席にとっては実用的な傾斜であっても、住宅にとって非常に実験的な次元であると認めざるをえなかった。村の外れに位置する急斜面の丘の上に建てられたこの家からは、並外れた景観が見える。窓を賢く利用する（各壁に1ヵ所のみの）デザインであり、もう一方の傾斜路の下部に設けられた大きな開口部は、まるで山を滑り落ちて行くかのような感覚を覚える。ドメスティックな空間の形態と寸法に疑問を投げかける家にとって、まさに目が眩むような効果を与えている。

床は通常スポーツ施設で見られる滑り防止シートで覆われている。家が相当傾斜しているのだから当然だ。キッチンおよびダイニングスペースは水平面に設けられている。

特殊な内部空間には標準的な家具は置けない。
代わりに、強烈な空間体験、
あらゆる動作の認識や家族のつながりが強調される。

最上階の主寝室（実際にベッドのみ）は、まるでスキーのジャンプ台のような傾斜路上部のオープンスペースに片持ち梁で設けられている。その枠組は便利な本棚として、そのほかの隙間は2段ベッドや収納として利用されている。

Secret Garden

秘密の庭園

広の家

HOUSE IN HIRO

Architect: サポーズデザインオフィス
Location: 広島／日本
Area: 66.5m²

鋼やコンクリート、ガラスなどの堅固な素材が、どのようにして温かさと親しみやすさを醸し出すことができるのか。それを想像するのは容易ではないが、この小さな家は、スケール感と十分な採光によって、柔らかさを表現できることを教えている。

サポーズデザインオフィスは、店舗やオフィスなどのインテリアデザインに加えて、さまざまなスタイルの住宅も手掛けている。たとえば、折紙でつくったような屋根をもつ家などに見られるように、彼らのデザインには触覚的な繊細さが宿っている。この「広の家」（写真右）では、何もないところに快適性と美しさをつくり出すことが求められた。高速道路沿いの商店街に位置する敷地は、「明るい庭のある家を希望するクライアントの要求を満たすには極めて難しい場所」だったと彼らは言う。そこで、一部が地下だったり、細い通路を通って部屋に入ったり、さまざまな天井高で構成するような家を設計したチームが取り掛かることとなった。彼らはまず、垂直方向のボリュームの調整から取り掛かった。フロアごとに検討するのではなく、光と影に焦点を当てた。材料や障害物を最小限まで削減することで、シンプルで開放的な状態のまま、効率よく光を届けることはできないかと探ったのだ。

屋外に庭を設けるスペースがなかったので、「屋外を思い起こさせるような素材を屋内に持ち込むことで、庭と呼べるような場所を確保する」ことに決め、本来であれば、家具や本、絵画やピアノなどが置かれるリビングの横に、植物と自転車を置くスペースを設けた。これにより「屋外と屋内の要素が混ざり合う生活を描くことができた」。このアイデアは、隙間風が吹き込むであろうオープンプランだ

JEWI

打放しのコンクリート壁と石張りの床が屋内に庭の趣を呼び込み、天然木がリビングに温もりを与える。アトリウムからの自然光が、ガラスのない内部開口を通って上階の居室に届く。両端に設けた中庭は狭いが、内部空間の光と雰囲気に大きなインパクトを与える。

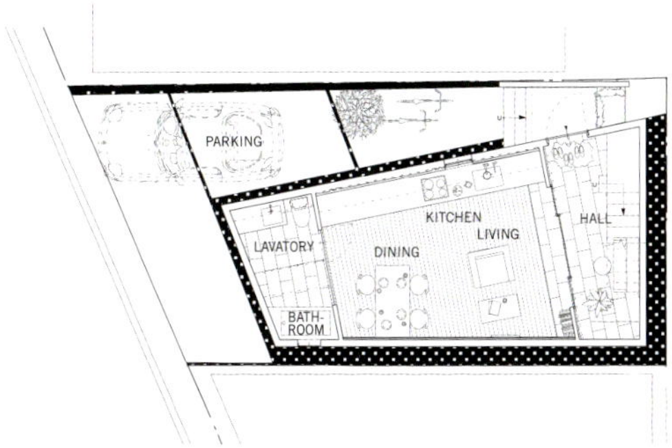

ということに気付くまでは、うまくいっているように見えた。しかしこの家は、素材を限定した狭小建築であり、一方が光の満ち溢れる中庭、もう片方が上階のオープンテラスから光が降り注ぐアトリウムのような浴室からなる２層を巧みに結束させた設計である。

キッチンの床と天井には小幅で長い木を張った。建物の中心となるこの部分の採光は十分とまではいえないが、厳選された素材と心地よい木の温もりに包まれている。一方、この居室の両側の直射日光を受ける部分はスレートとコンクリートの打ち放しで仕上げた。そして、視線と自然光を遮る可能性がある階段を薄い耐候性鋼板でつくり、コンクリートの外壁に片持ちで設けている。

このような工業的な素材による浮遊効果は、建築における堅牢性や構造的な必要性を覆したという意味で賞賛するに値する。「明るい庭のある空間」という要望は、この敷地面積と立地から見て困難な挑戦だったかもしれないが、彼らにとっては、暗さと密集性から明るさと温かさを見出すという、かけがえのない機会となったのである。

In Woods and Water

森と海に囲まれた家

カーサ XS

CASA XS

Architect: BAK Arquitectos
Location: マールアズール／アルゼンチン
Area: 52m²

マールアズールはブエノスアイレスから約400km北にあるリゾート地である。温暖な気候と豊かな森林、手付かずのビーチが適度に融合した人気のエリアである。

この小さなホリデーコテージは、森の中の細長い敷地に建っており、すぐ隣には5mの落差がある砂丘が広がる。この地形は明らかに制約となるが、同時に、松林を見下ろす羨ましい景観を独り占めにするチャンスでもある。建築家たちは景観に対するクライアントの感受性と、50m²ほどの家が欲しいという要求を考慮した。そのほかにも、周囲の環境におよぼす負荷を最小限に抑えること、低予算、敷地が遠方なため工期を短くするといった制約があった。そしてクライアントは最後に、先々簡単なメンテナンスで済む家が欲しい、とも言った。

この小さな家は、見える部分と
開口部とのパズルであり、
モダニズムの定式を超えた
斬新さと革新性を備えている。

内部空間の境界を示し、家の狭さを払拭するために、あえて戸口を大きく設えた。同時に、ミニマルな構造体に贅沢な感覚を加えている。長細い垂直の窓が、後ろに広がる森の木々のリズムと同調する。

このような制約のなかでも彼らは、実験的でモダン、かつクライアントの要求に応えたデザインを提案した。モダニズムファンであれば、ミースの「ガラスのパビリオン」との類似点をこの家に見い出すだろう。コンクリートや木材、ガラス、そして陽極酸化処理を施したアルミニウムなど素材はすべて剥き出しになっており、それぞれが異なった次元を宿しているようにみえる。コンクリート壁と屋根は平面を描いているが、寝室上部の屋根はL字形を反転したように折り返し、浴室・寝室とリビングダイニングのスペースを分ける細い採光窓を覆っている。この小さな建物において、単にプライベートとパブリックな空間を分けるだけでなく、自然光が素材のリズムを崩す目的をもっている。周囲のホリデーコテージと隣り合っているので、プライバシーを確保するために3面をのっぺりとしたファサードとしたが、内部が真っ暗にならないよう各面には細長い窓と高窓が設けられている。

このプロジェクトでは、コンクリートという材料によって多くの条件が満たされた。プラスチックを含む特殊な骨材を用いて調合したため、湿気が問題にならなかった。また、混合時に水を最低限しか必要とせず、真水の供給が限られている地域において実用的だった。そして、この材料は微妙な変化を加えることが可能だ。床面は磨き上げて艶を出し、壁と屋根と支柱の表面には屋外のデッキなどに使われている硬木の型枠模様を転写している。硬木が温かみを醸し出し、家族用の住宅にはふさわしくない「モノトーンな雰囲気」を回避している。さらに、平面（スラブ）と室内の間仕切というデザインによっても、箱的な要素を和らげている。

一方彼らは、コンクリートが万能であると同時に産業的なイメージを連想させることも十分理解していた。そこで、内部空間のプライベート性を維持しつつも、できる限り多くの部位にガラス（と自然光）を嵌め込んだ。この家は、周囲の森のように、光の動きとともに移り変わってゆくのだ。

New Traditionalist

温故知新の家

XXS ハウス

XXS HOUSE

Architect: Dekleva Gregorič Arhitekti
Location: リュブリャナ／スロベニア
Area: 43m²

初仕事が自分の両親からの依頼だったら、そのプレッシャーはさぞや大きいことだろう。さらに、両親も建築家だった場合、重圧はまた違った類のものになる。1990年代の半ば、アリヨザ・デクレヴァの両親は田舎に移住したが、リュブリャナの中世の小さな村クラコヴォにも荒廃しかけた建物を購入した。近隣の家の納屋として建てられたものを投資物件としてだけではなく、利便性がよいため車の運転が困難になったときに定住する家として買ったのだ。それまでは、夫妻が週末に街へ出た際に泊まる場所として使おうと考えていた。

デクレヴァの父親は、自分と妻のための田舎家の新築は自ら設計を行ったが、クラコヴォの納屋のリフォームはデクレヴァとそのパートナー、ティナ・グレゴリックに依頼した。

クラコヴォはスプロール化が進むリュブリャナのなかにあって孤立した伝統的なスロベニアの村である。19世紀の終わりまで、この村の役割は近くの僧院に食料を供給することだった。今日でもこのエリアはその雰囲気を残しており、特有の二重勾配屋根の低い家々が並び、その多くには小さな庭がある。若き建築家たちは、こうした土地の個性やスケールを踏まえて、両親が週末を楽しみ、やがては終の住処ともなるモダンで光が溢れる住宅を設計しようと目指した。

家の中にたくさんの自然光を採り込むことが、重要な要望のひとつだった。既存の建物には窓が2つしかなかったので、さらに窓を設けることが解決策のひとつである。リビングスペースに小さなアトリウムを増築することもできる。

デクレヴァとグレゴリックは、地方遺産条例のドーマー窓の許可によって、上部から自然光を取り入れることを検討し、自然光が1階まで射し込むようにオープンな階段を計画した。室内は見事に明るくなり、要求された空間を設計することができたので、彼らは材料を自由に選ぶ許可をもらった（地方自治体を説得するのはそれほど簡単ではなかったが）。旧離れ家の質素な特徴を残しつつ、窓と開口部を加え、可能な限り新しい要素を加えた。 グレゴリックの説明によると、たとえば、外壁のファイバーセメントパネルはこの地域の典型的な波形屋根瓦に対する“賛辞”だ。また、屋根材を下げて外壁を形成している。単一の素材を利用することで建物の外観を残そうとしたのだ。

デクレヴァの父親は自分の要望を当初から伝えていたが、インテリアは母親の意見が重視された。床の素材を決める際にも「樹脂材を提案しましたが、最終的には母親の希望するテラゾに同意しました」と、デクレヴァは説明する。そして、キッチンカウンターとシンクにもテラゾを用いることで、彼らは一枚上手に出た。

過去への畏敬と現代的なの革新性をうまく調和させることは、決して容易ではない。個人の創造的な目標とともに、親の要求も引き受けようとする試みは立派な挑戦だ。この小さな家のプロジェクトは、大きな期待がかけられていたが、それを叶えることに成功したようだ。

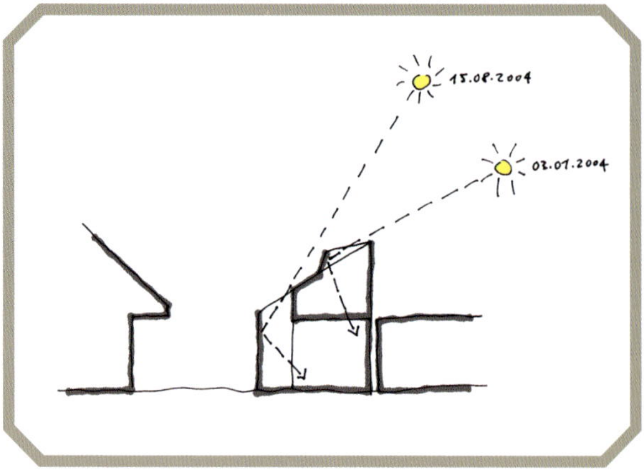
15.08.2004
03.07.2004

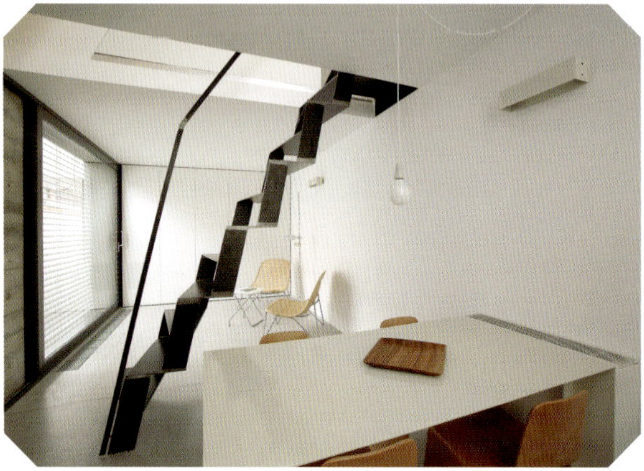

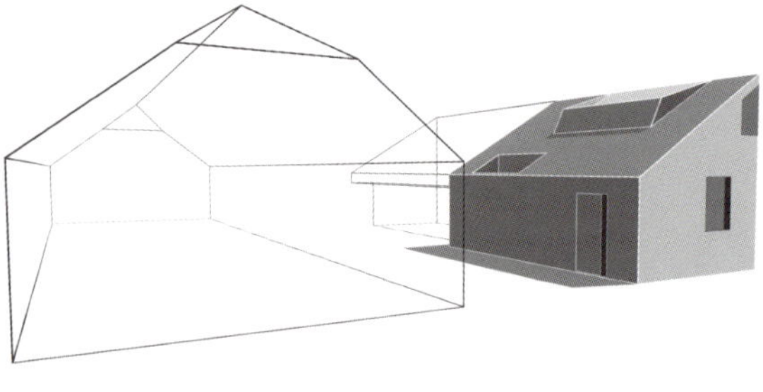

2人の建築家が好んだのは“生の原料”だ。外装には未塗装のファイバーセメントパネルや粗いコンクリート、ベニヤ板、内装には鉄やフエルトなどを用いた。

小さな家にできる限りたくさんの自然光を採り入れるために、上階の窓や大きなガラス戸、そして小さなアトリウムが慎重に配置されている。また、白く塗られた内壁によって自然光の効果を高めている。

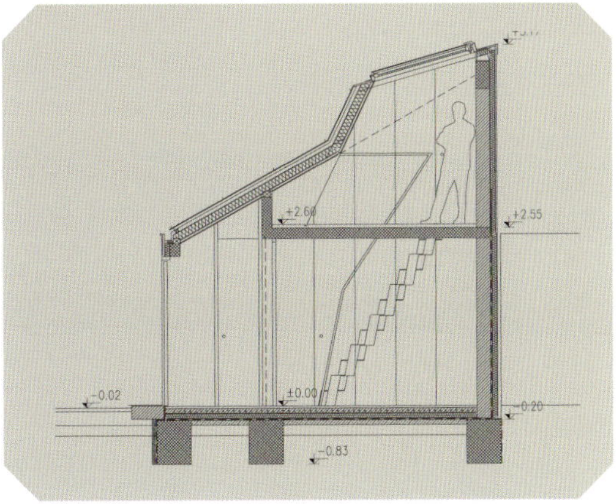

A Modest Proposal

謙虚な提案

L41

L41

Architect: マイケル・カッツ，ジャネット・コーン
Location: ブリティッシュコロンビア州ヴァンクーヴァー／カナダ
Area: 23m²

高品質なデザインのキッチンからそれは始まった。「多くの設備のなかで、キッチンは最初に妥協されるものです。しかし私たちは、完全装備した機能的なキッチンユニットから検討を始め、後は自然にできあがったのです」と、建築家のマイケル・カッツは言う。しかしこの住宅は、コンパクトに納まったキッチン以外にも多くの要素を併せ持っている。

小さく住むことの模範たるべく、L41大きな問題定義に応える役割を果たした。問われているのは単に「ユニットをどこまで小さくできるか」ではなく「どこまで小さくしたらそのユニットは快適性を失うか」だと感じたという。

L41は積み重ねが可能な住宅システムである。これは、1967年にモントリオールで開かれた万博で建築家のモシェ・サフディが発表した、354の立方体によって148戸の住宅を構成する「Habitat67」から発想を得たものだ。L41の基本型は単身者やカップルを対象としたワンルームの住宅だが、少人数の家族向けに拡張することもできる。また、フレキシブルでありつつも高密度な住宅とするために、優れた素材でサステナビリティに富んだユニットをつくろうとした。このプロジェクトは松食い虫の来襲のために切り倒せざるを得なかった地産の木材などを利用し、身近な環境問題にも取り組んでいる。カッツは40年にわたってさまざまなプロダクトのデザインを手掛けるとともに、大規模な建築のプロジェクトにも参加してきた。安全性に対する彼の情熱は、この小さな家でなされたレベルをはるかに超えている。

「L41」という名前は「all for one」の意味をもつ。また逆の「one for all」の意味も含む。この家は、グローバルな住宅供給の解決策としてつくられた。「手頃な値段、大量生産、クオリティー、ハイデザイン、そして持続性がL41のマニフェスト」と、カッツは説明する。

また彼は「人は誰でも、自分自身とその家族の健康と幸福のための適切な生活水準をもつ権利がある」という内容の世界人権宣言第25条を引用して、このような提案は単に喜びのためだけでなく、必須であると断言する。住宅の大量生産は、生活必需品のひとつであるシェルターの供給に欠かせない技術である。だからこそプレハブ式なのだ。

このL41は平台型トラックで運搬できる3つのパーツから構成され、1日で組み立てることができる。しかしこの家の目的は、訪れる人々を感心させることではなく、不必要な空間を排除することは快適性や贅沢の妨げにならない、と気付かせることである。長持ちするものにお金をかけることを重視し、キッチンには質のよい機器を設えた。「耐久性に優れ、メンテナンスが楽な高品質の機器は、使い捨てや埋立地不足の問題に打ち勝つ」と考えているためである。

ガラス張りの端壁とリビングルームの大きな窓が周囲への開放感と内部に広々とした印象を与え、贅沢なほどの自然光を採り入れる。また、キッチンの端に設けた細長い垂直な窓によって、均一な箱のような空間とは感じず、ある程度のプライバシーとバリエーションも保たれる。L41は、環境問題の解決に向けた小さな一歩かもしれないが、よりよい住環境への大きな飛躍であり、喜ぶべき提案である。

カウンター付きの大きなU字形キッチン、収納式ベッドのある寝室と兼用リビング、書斎、バスルームという間取り。屋根付きの小さなテラスも設置。たくさんあるクロゼットとキャビネットは取っ手がないデザインのため、空間がより広く感じられる。

壁にはCLT（直交積層材）を用いている。CLTは、耐荷重性の「超積層」をつくるために、直角に軟木の薄板を圧縮したもの。素材の統一により、材料製造にかかるCO_2の排出を削減することができる。

CLTの採用はカッツの故郷であるブリティッシュコロンビア州にとっても大きな意味をもつ。この地方のおよそ10億m^3の森林が松食い虫によって破壊され使用できなくなる前、つまり10年以内に製材する必要があるのだ。

Family Dynamics

家族を結ぶ家

ハウスリナ

HOUSE LINA

Architect: ウルリッヒ・アスペッツベルガー, Caramel Architekten
Location: リンツ／オーストリア
Area: 55m²

ウルリッヒ・アスペッツベルガーの妻がリンツの美術館の仕事を始め、週末のみウィーンの自宅へ戻るようになってから、2人の幼い娘はほとんどの時間を父親と家で過ごすようになった。3年後、通勤生活に疲れた家族のために、建築家であるアスペッツベルガーはひとつの解決策を提案した。たまたま、彼の両親がリンツに小さな土地付きの家をもっていたので、そこに、妻と娘が平日過ごせる“小さな家”（ハウスリナ）を建てることにしたのだ。それは、遠距離通勤者のセカンドハウスとして最も効率がよく、身内が庭の反対側に住んでいるため、家庭的な快適性も兼ね備えた理想的な家となった。この小規模な建築作品は、エネルギーと環境問題に対する現代的な見解とモダニズムの本質を表現している。

ハウスリナで最初に目を奪われるのは、連続した軽快な黄緑のファイバーガラスの外壁だ。樹々の緑と溶け合いつつも、伝統的なスタイルの住居が多い郊外では異彩を放つ。ただ、アヴァンギャルドになりすぎないように妥協した結果、この陽気な色になったそうだ。彼は当初、外壁を黒いゴムで覆うことを考えていたが、窓のない東側のファサードが、自分たちの浴室の窓から目と鼻の先となることに両親が乗り気でなかったのだ。

この外装材のおかげで家は周囲の緑に馴染み、全面ガラス張りのファサードにより住環境が壁を越えて延長されていくような感覚を住人たちに与える。これらが、小さな住宅を成功させる鍵となった。「大きなリビングルームを確保しつつ、主要機能（寝室、子供部屋、浴室、キッチン）を配置するのは、まるでパズルのようでした。素晴らしい庭があったおかげで、それに面した壁は閉じる必要がな

インスピレーションは
学生時代に乗っていた
古いフォルクスワーゲンの
マイクロバスかもしれない。
うまくまとまっていて
夏中家の代わりにしていた。

構造体がデッキを囲い込むようにカーブしている。数々の変わった開口部を設ける十分な場所があり、さまざまな高さと角度から自然光が射し込む。軽量構造には省エネルギーなプレハブ工法と熱に強い材料を用いた。

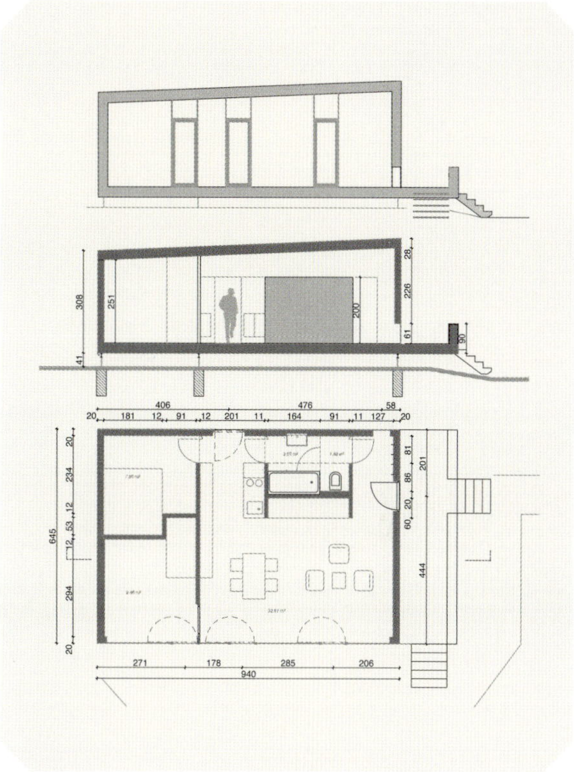

く、ガラスのファサードはまるで庭がリビンススペースの一部であるかのような感覚を与えてくれます」と彼は説明する。

シンプルで直線的な構造が、モダニズムのアイコンを思い起こさせるが、もしインスピレーションの源があったとしたら、それは学生時代に乗っていた旧式のフォルクスワーゲンのマイクロバスだろう、と彼は言う。奇妙なたとえのようにも聞こえるが、小さなデッキをつくっている、地上階から延長したかたちの壁と屋根構造は、アイコン的なVWの跳ね上がり屋根や伸縮自在の日除けを彷彿とさせる。間取りの効率性のみならず、パーティクルボードの標準断面に一致したプレハブ部材の有効使用で、建物は完成した。軽量構造工法と、熱に強い材料を利用したことで、布基礎に一定のピッチで組んだ鋼鉄の枠組みに、ほんの数日でプレハブ部材を嵌め込むことができた。

既存の土地に家を納める以外にも、最小限にスケールを抑えた理由がある。約170m^3の住宅には納税の義務があり、小さなサイズのほうが税額を抑えられるのだ。

彼は最終的に、最小限の空間は環境にやさしいという結論に達し、今では（エネルギー効率のよい材料を使用した）小規模建築こそが「グローバルな環境問題に対する答え」だと考えるようになった。「みんな平米当たりのエネルギー需要の話はしても、使用面積を減らそうとは思わないのです」と彼は言う。「もちろん大きな家を建てでば簡単だし、儲かる。でもこのような小さなものをつくるほうが、遥かに満足をもたらしてくれます」。

この家の基盤は既存の住宅との共用だが、必要な設備はすべて整っている。必要であれば解体し移動することも可能だ。内部の立方体構造に浴室とキッチン、収納庫が含まれている。立方体の上部には子どもの遊び場とゲスト用のベッドがある。

Affordable Mobility

お手頃な家

トレイラーラップ

TRAILERWRAP

Architect: マイケル・ヒューズとコロラド大学ボルダー校の学生たち
Location: アメリカ
Area: 57m²

移動住宅（トレイラーハウス）は、望ましい生活環境とはいえない安価な居住設備だと思われてきた。しかし、このプロジェクトの建築家、マイケル・ヒューズは「アメリカでは、都市近郊のトレイラーハウス施設のおかげで、多くの低所得者が勤務先や商業・娯楽施設に近い場所に暮らせている」と指摘する。

この施設は、トレイラーハウス居住者によりよい生活水準を提供しようとするものだ。しかし、現在このモデルはそのようには活用されていない。最近は、放浪せずひとつの場所に定住する用途としてトレイラーハウスを販売する場合が多い。そのモジュールと移動可能なデザイン、工場生産性がもつコストと材料面のメリットは、その他の形態の私有住宅や公共住宅より賢明な選択だといえる。

この議論は、ヒューズがプロジェクトによる説得力をもって提案している。リノベーションというよりは再構築だが、多くが単なる粗大ゴミとして落ちぶれてしまった現代の住宅建築に、大きなポテンシャルを見出すよい例である。

実際に、もしヒューズと彼の学生チームが社会やデザインへの挑戦としてこの家を引取らなければ、埋め立て地に捨てられていたことだろう。彼らが提案したのは、廃車となったトレイラーハウスの車台に乗る、小さいながらも効率よくフレキシブルにデザインされたトレイラーラップという家だった。

プロジェクトはスポンサーからの援助を得て、「恵まれない人たちの生活にありがちな、小さくてちっぽけな忘れ去られた場所」に焦点をあてたデザイン・アウトリーチ・イニシアティブの一部として進められた。

トレイラーハウスの主構造体である狭苦しい2段ベッドルームは、原型より60㎝広いロフトスタイルのスペースとなった。新しい空間は、以前の区切られた部屋を広々とした多機能なインテリアとして生まれ変わらせた。自然光が差し込む高窓の付いた傾斜屋根によって天井高を確保し、その上には太陽熱温水器を設置した。

タイトルの「wrap」（包む）は、米スギのブラインド（薄板）とデッキ、細長い窓ガラス、漆喰仕上げといった厳選した材料でトレイラーハウスを包み込んだことに由来する。しかしこのプロジェクトは単なるプチ整形ではない。開閉式の屋根と窓の配置が、明るく開放的で心地よい内部空間をつくり出し、清潔な木張りの内壁が過去のトレイラーハウスとは打って変わった現代的で風通しのよい雰囲気を醸し出している。オープンプランのリビングスペースは、20世紀後半にありがちなライフスタイルかもしれないが、この特定なジャンルでは流行らなかった。

統一された天然木材と太陽光の調和が、まるでまったく別の種類の建物に見える空間をつくっている。既存の家を再利用しなかったことで、がっかりるすエコ・マニアもいるだろう。不要のトレイラーから出る廃棄物はタチが悪く、扱いにくいためだ。しかし肝心なのは、このタイプの住宅はそもそももっと賢くつくることができる、という提案だ。

とはいえ「再生と再利用」はこのプロジェクトのモットーだった。プライベートな空間の仕切りには、地元の家具屋から寄付してもらったスクラップのベニヤ積層合板フラッシュドアを利用した。キッチンカウンターとテーブルには木の厚板、ブラインドとデッキの米スギ

は古い甲板をそれぞれ再利用した。その他の部材も回収や改造をして再利用したものである。もちろんこのような廃品回収法は、簡単には大量生産にはつながらない。しかしトレイラーラップは、散々けなされてきた旧式トレイラーハウスを再考するプロトタイプとして、希望の光を指し示している。

トレイラーの基本的な形と大きさ（容積）は残されたが、内部を開放したため、広い「多機能ゾーン」の空間になった。ヒューズは家の外側から内側へ、そしてまた外側へ出る動線を妨害しないデザインにこだわった。

50人の学生と3人の教授が、このトレイラーハウスのデザイン、立案、材料指定そして改築に及ぶあらゆる作業に2年間従事した。学生たちは、熟練の職人たちとともに多くの再利用および再生資材を駆使した作業をこなし、結果として実地訓練を受けることになった。

Under the Moon

月の下で

ア・フォレスト・フォー・ア・ムーン・ダズラー

A FOREST FOR A MOON DAZZLER

Architect: ベンジャミン・ガルシア・ザクセ
Location: グアナカステ／コスタリカ
Area: 68m^2

コスタリカの青々とした未開の熱帯雨林に、うまく設計されたシェルター。ベンジャミン・ガルシア・ザクセが手掛けたこの家は、現代的なの快適性とエネルギー効率を両立させつつ、地域特有の建築様式を尊重する巧みな技法が用いられている。

ザクセ曰く「プロジェクトのインスピレーションは、この壮大な環境でした」。彼は、自分の母親のためにこの家を設計した。「私の母は都市から離れ、丸太と蚊帳とブリキで自分の家を建て、就眠時には月が見えるようにベッドを配置しました」と、彼は説明する。月を眺められるシンプルな家というビジョンは残しつつ、母親のデザインに改良を加えようとを決めた。見かけはシンプルだが、実際は複雑で手が込んだつくりである。コンクリートの基礎に、基本的な建築材料として木材と金属を用いた。これらも、計算され、熟練した技術で加工されている。

ガルシア・ザクセはブラウン大学、ロードアイランドスクールオブデザイン、そしてコスタリカの建築学校で学んだ。現在はロンドンのロジャース・スティーク・ハーバー・アンド・パートナーズで働く彼は、先端技術を駆使した大規模な建物の設計経験を豊富にもつものの、単にそれ自体を目的とした最新技術の利用には興味がない。むしろデザインとは、基本的な欲求とニーズに対処することだと考えており「時代と場所に適合した」新しい方法と素材を追求している。そして「まったく新しい空間」をつくるための手段として、人間の欲望に着眼している。

だからこそその家には、満月の夜に農場で伐った竹を使い（竹はその後、保存処理をして陰干しにした）、その地域で何世代にも渡っ

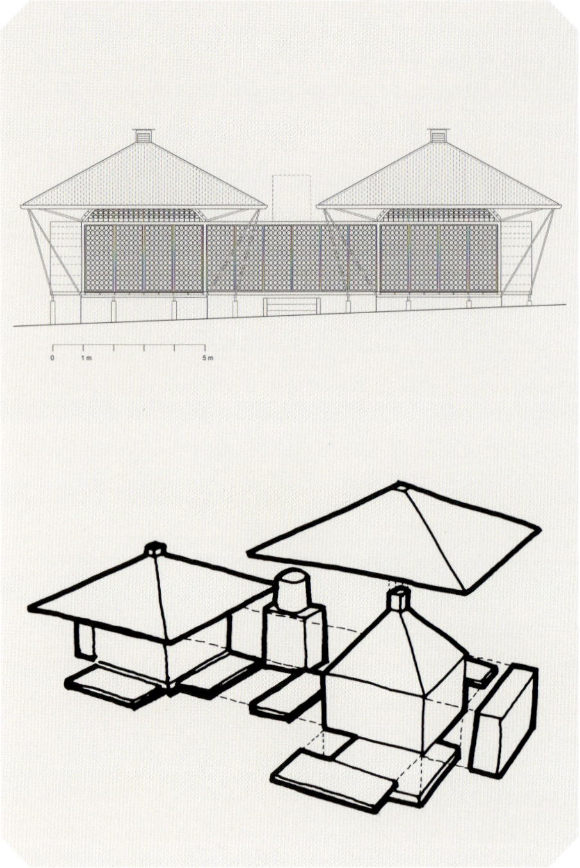

て使われてきた波トタンで屋根を覆ったのだ。これらを基本として、閉鎖性と開放性、光と影、流動性と個体性を探究した。

原生林に囲まれた小さな空き地に建つこの家は、2つのユニットで構成されている。1つは寝室で、もう1つは居間となっている。この2つの空間は、中央の庭をウッドデッキで囲んでつくった屋内テラスによって連結されている。中央の庭は母が植栽し、今では扇風機とココヤシが加わっている。

両端のユニットは、それぞれ延長したトタン屋根で覆われ、十分な換気が可能になっている。囲まれた環境をつくるルーフシェルの内側の竹のスクリーンからは、風の流れと光が差し込む。また、長手方向の大きな開口部の開き戸には、短竹でつくった同様のパネルを用いた。これらのスクリーンは、一部に屋根の架かった大きなウッドデッキに向かって開いている。

この家の、開放的ながらも丈夫であるという特性は、建物の骨組みである亜鉛めっき鋼の梁と柱、枠組を連結して斜めに伸びる細い支持柱によって補強されている。この家は、母の自作の住居を解釈し直したうえで、「防犯性、月の眺め、内庭を含むオープンなプラン」を併せ持っていると、ザクセは言う。

伝統的な素材に先進的な処理を施すこと、そして単純な欲求が風変わりな発想を生み出すことの意義を、この家は物語っている。

祖国コスタリカで建設するにあたり、ガルシア・ザクセは現代的な素材と伝統的な素材を結び付けた。効率的な鉄骨造と地元産の竹をさまざまな形で使用し、換気と自然光を促すために層状の屋根構造を用いるなど、巧みなトリックに満ちている。

Plus One

ひとつずつ追加する家

ワン+ミニハウス

ONE+MINIHOUSE

Architect: Add-A-Room
Location: ストックホルム／スウェーデン
Area: $15m^2$+

モジュール式建築というアイデアは、新しいものでは決してない。だが、アッド・エー・ルームのチームはハイクオリティなデザインで、なおかつ面積を極限まで縮小するというコンセプトによって、重要な革新をもたらした。

デザイナーたちは「大人のためのレゴシステム」という考えのもと、スカンジナビアの伝統的なサマーハウスのコンセプトに沿って、より現代的な多様性とエコロジー性を併せ持った、伝統に敬意を表するモデルをつくった。

ワン+ミニハウスは、濃色の木の外壁や、ナチュラルテイストの木のインテリアで構成されている。典型的な北欧建物にこだわっているように見えるが、実際は、さらに高いエネルギー効率に向けて前進した住宅だ。最小ユニットの床面積は$15m^2$以下で、スウェーデンでは建築許可を必要としない大きさである。

「Friggebod」（庭の小屋）と呼ばれるこの規模の住居は、サマーハウスが建ち並ぶ避暑地ではよく見られるが、なかには単なる小屋にすぎないものもある。しかし、ワン+ミニハウスは必要な機能を完備しており、小さなパーゴラとデッキも付いている。またこのユニットは、クライアントの要望によって生活スペースの増設や屋外キッチンユニットも増設できる「連結モジュール」として計画された。これも、スカンジナビアの伝統である複数の建物から成り立つサマーハウスに由来しているが、ワン+ミニハウスは独立した建物ではなくユニットを連結することで、エネルギーと空間の効率化を実現した。

建材と建築方法でも環境が考慮されている。典型的にみえる外壁は、実はトウヒという豊富な軟材に、より丈夫にする表面処理を

施した「スーパーウッド」という比較的新しい製品を採用している。この木材の利用で、生長が遅い硬材の輸入需要を減らすことができる。一方、高性能なガラス窓は豊富な自然光を十分に採り込み、熱損失を軽減する。そして、分厚い断熱材によって快適な内部温度が保たれ、暖房（あるいは冷房）負荷の軽減も実現している。そして、ユニット全体がプレハブ式なので、現場での廃材や労働費も低減可能だ。この家は、トラックで運搬され、クレーンで設置される。必要に応じて移動することも可能だ。

アッド・エー・ルームのシステムは、大工として働くスヴェン・ハンソンと、スウェーデンで数年間サマーハウス改修業を営んでいた妻のスーザン・アラップによって開発された。夫婦はデンマーク人の建築家、ラース・フランク・ニルセンと手を組んだ。ニルセンはスカンジナビアの伝統的な住宅様式にシャープでミニマルなデザインを導入するとともに、新鮮かつモダンな感性と、素材のもつ温かさのある公共建築を設計することで知られていた。「子どものおもちゃの家のようなスウェーデンのミニハウスの代わりとなるものをつくりたかった」とニルセンは言う。一見、可愛くみえる彼らのアプローチは、ミニマルな生活に対する洗練された取り組みであり、単一のユニットやマルチモジュール住宅の環境を向上させるために、細部まで深い注意が払われている。

環境にもたらす影響を意識しつつ自然を楽しむというわれわれの課題は、現代のジレンマのようだ。すべての要求を満たすことは不可能なので、可能な限り節約し、ニーズを最小限まで削ぎ落とすしかないのかもしれない。家の快適性で妥協したくない人たちにとっては、コンパクトなミニハウスの提案は理想的な解決策だろう。高機能なモジュールシステムにとどまらず、暗い外観と明るい内部空間の組み合わせや、付属する屋外デッキとパーゴラが、小さなスケールに贅沢な感覚を添える。そのデザインは、リラックスした柔軟性のある生活を示唆している。しかしそのような生活は往々にして、独創性の代わりに大地から多くを要求してしまう。アッド・エー・ルーム・チームはそんな傾向を覆すための一歩を踏み出したのだ。

外壁には豊富な軟材を使用。特殊物質を浸透させて硬材と同様の耐久性をもたせている。ユニットは個別、もしくは連結して大きな家として使用できる。外壁下の厚い断熱材が内部の温熱環境を確保している。

2

SMALL AND MOBILE

小型で移動可能な家

移動可能な家は、何世紀も前から存在している。動物たちに囲まれ、季節や天候の変化に伴って移動する遊牧民の生活文化は、1つの場所に定住する必要性に常に疑問を投げ掛けていた。グローバル化が進むなかで、移動の習性やシンプルな生活空間に立ち戻ろうとする傾向があり、近年、移動型ユニットが見直され始めている。そして、新しいデザインのものが雑誌や建築サイトで数々紹介されている。この章では、移動性をおしゃれなアメニティの一つとしてではなく、主要な特性として扱ったプロジェクトを紹介する。

日常生活が環境に与える影響を意識したとき、人々は、最も重要な所有物である家が環境破壊に関与している可能性を考え始めた。結果として、この必需品に対して疑問を抱くようになったのだ。

もちろん短期滞在型のライフスタイルを誰もがを受け入れられるわけではない。しかし、動かない家を好む人たちでさえ、新しい土地や環境、移動可能な住宅に魅力を感じるだろう。定住者がいないような辺境でも、その土地の素晴らしさを体験することができるのだ。

これが、スタジオ・アイシンガーによる「フィンキューブ」（→P.68）のようなデザインの背景にあるアイデアだ。この家は、これまで移動型住宅として連想された住まいよりはるかにスマートで豪華である。定住型住居として望ましい要素をすべて揃えたうえで、資源の使用を最小限に抑え、あらゆる場所に移動することができるデザインである。

しかし、よく見るとフィンキューブには車輪がないことに気付くだろう。実際、この章で紹介する建物にはどれも車輪がない。それらはオハイオ州立大学の学生たちによって設計された「ポッドホーム」（→P.82）のように、平床式トレーラーやクレーン車、あるいはその両方によって移動する。効率的な家であっても、移動のための強力なエンジンを備えていれば、環境上優れているとはいえないのだ。

ただし、ドリュー・ヒースによる「アルキボート」（→P.86）のような、穏やかな水面を小さなモーターで移動する水上輸送のプロジェクトにとってはさして問題ではない。コンフューズド・ディレクションによる「シルバーフィッシュ」（→P.64）は、牽引されて移動する。また、管状の「ロールイット」（→P.78）というプロジェクトは、暮らしに必要なアメニティを完備しているにもかかわらず、家全体が転がって移動するデザインである。

ベルギーの建築事務所dmvAによる移動型ユニットは、クライアントの敷地内にゲストハウスの建築を許可しなかった厳しい規制に対する解決策として生まれた。永住用住宅としてのデザインがすべて却下されたため、固定型から移動型へ、そして、建築からアートへとカテゴリーを変更したのだ（→P.58の「ブロブ」参照）。さらに実験的なのは、ブロワッサン・アーキテクツによる「シェルターNO. 2」（→P.74）とMMASAによる「バブルハウス」（→P.90）だ。前者は組立てが簡単な3階建てで、今にも宇宙へ旅立ちそうな外観をしている。一方バブルハウスは、極限まで居住空間を縮小し、同様の多くのプロジェクトが答えようとしている「十分な空間とはどれくらいなのか？」という課題を上手に提起している。

Art Circumvents Planning

規制を乗り越えた家

ブロブ

BLOB

Architect: dmvA Architecten
Location: アントワープ／ベルギー
Area: 20m²

自分たちのアプローチを説明するために、大げさな哲学的論議を考え出したと、この建築家たちを責めることはできない。このベルギーの新進建築事務所dmvAは、これまで私的および公共な住宅や学校、オフィス、インテリアなどの分野において賞を獲得してきた。作品の多くは、直線的な形態をもっている。

もちろん彼らは、このゲストハウスのデザインにも、今までさまざまなプロジェクトで採用を試みてきた形態を取り込もうとした。その結果、今までとは違った趣向の「ブロブ」をつくったのだ。別名は「スペースエッグ」。しかし彼らは、それが新奇なものだとは決して思っていない。彼らは「デザインのプロセスとは、根本的に新しいものを探求することではなく、すでに存在しているものに対して新たな適用性を見つけること」と主張する。

このプロジェクトでは、その対象は主にランドスケープや多くの既存の禁止条例だった。この形態は、クリエイティブエージェントであるリニ・ヴァン・ビークに依頼され、構造体の実現化を妨げている建築規制からうまく逃れるために生まれた。dmvAの所長であるデービッド・ドリーゼンとトム・ヴェーシューレンは、かつてヴァン・ビークのオランダの自宅の増築を手掛けた。そのクールでモダンな増築部分は透明ガラスと乳白ガラスのI字形のブロックでできており、床から天井までのガラスの折戸がある。設計要望は、彼女のベルギーの所有地でオフィスか独立型ゲストハウスとして使用できるものであった。しかし敷地内の母屋である小さな三角屋根の木造サマーハウスも考慮する必要があった。

ブロブは、そびえ立つトウヒに囲まれた湖に近い敷地に調和する

開放的な生活空間を確保するために、設備や家具などは壁か床に納まっている。たくさんの壁の仕切りが収納や寝場所になる。シャワーとトイレは広いほうの端部の凹みに設置されている。狭い端部は屋外に向って開放することができる。

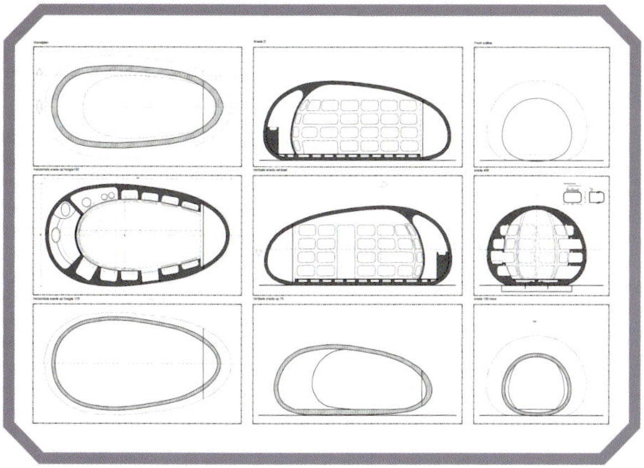

とんがり屋根のサマーハウスとして設計された。 建築家とクライアントは建築規制を逆に利用して、仮設的な建物という選択をした。仮設であれば建築規制の要求に適合するうえに、周囲の環境を脅かすこともない。「木を一切伐採せずに有機的な形態をつくることにした」と、ヴァン・ビークは説明する。また、「障害を取り除きつつ、規制内でデザインすることには慣れている」とも彼らは言う。

こうして、定住型建築に対する規制を回避しつつ、クライアントの要望をすべて組み込んだ移動可能な構造体が生まれた。この卵形体は、ポリエステルでできており、以前この素材を別のプロジェクトに使用した施工会社AD&Sのデザイナー、トーマス・デンタークが6ヵ月以上もかけて丁寧に磨き上げたものだ。この構造体は、収納、ラウンジ、寝室の仕切りを形成するグリッドを内蔵しており、孤立した浴室が一端に設けられている。BLOBの先端と側面の扉を開くことで、野外パビリオンのようになり、閉じると天窓から光が射し込む庵にもなる。

キッチンと浴室を完備し、照明は壁グリッドの凹面か円形のフロアパネルに内蔵されている。つまり、内部には一切家具を置かずに済むのである。車輪がないため、このユニット（小さなキャラバン程度の大きさ）は平床トレーラーで運搬され、クレーンによって設置される。現在、ブロブは新住所を探しているところだ。境界をぼかすため、もしかしたらあなたの近所に現れるかもしれない。

敷地内にある母屋を補うために建てられた。扉と天窓を開けると、野外パビリオンのようにもみえる。

ブロブを地元の自治体に提示したら、
直ちに却下された。
奇妙なうえに、自分たちの掲げる
（お堅い）規制に適応しなかったから。

The Silver Surfer

波乗りをする銀色の家

シルバーフィッシュ

SILBERFISCH

Architect: Confused-Direction
Location: オルデンブルグ／ドイツ
Area: 40m²

ボートやハウスボートが浮かぶなかに、コンフューズド・ディレクションのフロー・フロリアンとサーシャ・アッカーマンがデザインした「シルバーフィッシュ」が見える。船底さえなければ、それは流行のデザイン誌の表紙を飾るロフト風高級住宅そのものだ。白くきらめいて、とにかく格好よく、その辺の運河や港に繋がれたハウスボートとは違うんだ、と主張している。それは、積極的に環境保護に取り組んだ、ミニマルな運搬可能住居である。

2人は官能的で有機的な形態の家具や照明のデザインによって名を馳せるようになった。そうした作品のいくつかはシルバーフィッシュの中にもしっくりと置かれ、ハイデザインなライフスタイルを求める人々にも水上生活への関心をもってもらうことに役立っている。

水に浮かぶ家のアイデアは、彼らが捉えている地球規模のエネルギー問題や人口問題に由来している。今後、水上生活が現実的な選択肢になり得ると考え、「開放的かつミニマルなデザインは、狭い場所に最適だ」と提案しているのだ。移動に使われていたボートを居住にするというより、「水辺に定着したハウスボート」をつくることを意図している。この案には「多くのロフトにみられる美しさとデザイン性がすべて備わっている」と彼らは言うが、実際はそれ以上の魅力も併せ持っている。

ペントハウスでない限り、プライベートな屋外空間をもったロフトは珍しい。しかし、シルバーフィッシュには、正面のポーチと上階の寝室からアクセスできるルーフデッキが備わっている。後部に設けられた細い通路は、そこに座って水面に足をぶらつかせながら寛ぐのにもってこいだ。また、都市の住宅では人工芝や鉢植えなどで妥協しているが、このルーフデッキには本物の芝が植えられており、ここにもデザイナーたちの環境に配慮する姿勢がうかがえる。郊外の伝統的な庭付き戸建住宅への憧れかもしれない（芝刈りが必要な庭付きハウスボートの生活と、2人は強調している）。

正面のガラス開口部からリビング・キッチンに日光が差し込み、小さな室内をより明るく、より広い空間に感じさせる。内部のプランは機能的で、生き生きとしたモダンなデザインが吹き込まれている。コンフューズド・ディレクションのトレードマークである曲線を描いた造付けの棚が、コンパクトだが高性能なキッチンの向かい側に整然と並ぶ。小ざっぱりしたバスルームは主要空間の後部に設置され、さらに後方には室内全体の換気と採光のための引戸がついている。上階の寝室まで梯子を上るのはやや億劫だが、大きな跳ね上げ式天窓と屋上デッキにアクセスできるこの巧みな空間利用は、間違いなく感動的な要素の1つだ。

しかしこれは、豪華邸宅ではなく、最小限のエネルギーと低予算でつくられているのである。構造材のほぼすべてがリサイクルの木で、鉄筋コンクリートは一切使用していない。緑化屋根、高性能断熱材、省水型トイレなど、現在使用している省エネルギー設備に加え、将来的にはソーラーパネルも加わる予定だ。風が弱いときにカヤックで目的地まで牽引されるデザインなので、移動用のモーターはない。これらは、すでに環境にやさしい家が、さらにCO_2排出ゼロを実現していることを意味する。

2人は現時点では、水上生活の意義を「一般大衆に納得してもらうことは難しい」と認めている。しかし、省エネルギーの必要性

が増しているなかで、にもかかわらず居住空間は最大限に広げる傾向にある昨今、われわれは未来に向けて、水に浮かぶ生活を真剣に考えるべきなのかもしれない。

2階建てのハウスボート。主な生活空間、キッチンとトイレは1階にあり、上階の寝室には梯子で上がる。ロフト型寝室にあるもう1つの梯子は屋上デッキに続く。曲線を描く造付けの棚とボウル型のイスも彼らによるデザイン。

水に浮かぶモダンな定着型水上住宅。
この家は、貴重な土地を使用する代わりに
水域に停泊する。
その場所に定住するもよし、
気まぐれに移動するもよし。

Modern Nomad

遊牧するモダンな家

フィンキューブ

FINCUBE

Architect: Studio Aisslinger
Location: ボルツァーノ／イタリア
Area: 47m²

ヴェルナー・アイスリンガーは、2003年にロフトキューブのプロトタイプ（利用可能な屋上に空輸で移動する家）を開発した。彼が目指したのは、秀逸で贅沢な住居ではなく、コミュニティをつくることだった。空間の有用性、資源の有効利用、そしてポジティブな技術革新に共通の信念を抱いた人々のコミュニティだ。

アイスリンガーは、自身のビジョンをル・コルビュジエの垂直都市になぞらえたが、ロフトキューブにおいては「広大無辺な屋上コミュニティ」も普及しようと考えた。そして新たに開発した「フィンキューブ」では、現代の遊牧民的なライフスタイルと、環境に優しい効率的なデザインとの結合を探求し続けている。

ロフトキューブと同様に、フィンキューブも自己完結型の可動式ユニットだが、さまざまな装置や施設に接続することができる。彼はこのモデルを「ナチュラルハイテク」と呼ぶ。それは再利用できる材料でつくられているにもかかわらず、セントラルタッチパネルで全機能を管理できるからだ。

フィンキューブは南チロルの人たちの協力を得て開発された。彼らは木材を扱うことに関して重要な役割を果たした。居住ブロックの構造体をカラマツ材の籠が上から下まで水平に包み、キノコのような有機的な形態をつくっている。外部の曲線を描くカラマツの薄板は、4面すべてが床から天井までの三重のガラス窓で形成されて家の目隠しとなる。家の中には太陽の光がたっぷりと注ぎ込み、そのシンプルでモダンな特注木製家具が自然な温かみを感じさせる。芳香を放つカサマツを使用した箇所以外は、内部造作と仕上げにもヨーロッパカラマツを使用している。移動式ユニットであることがこの家の「売り」だが、設備も平均的な移住式住居よりはるかに整っており、確実にユルトよりは豪華だ。リビング、寝室、ダイニング、浴室は究極のモダンを基準に仕上げられている。このプレハブ式住宅はオーダーメイド家具がない状態も注文が可能で、基本的にどこにでも設置することができる。

コンセプトとして、フィンキューブは周囲への負荷を軽減することを目指した。4本の基礎柱を埋める際にも、ごく少量の自然土壌の移動に抑え、土壌の減少を最小限にした。こういった自然環境の破壊も、フィンキューブがそこを移動すれば容易に修復できると彼らは断言する。また、大掛かりな掘削や埋戻しをしなくても、基礎の位置を地形に合わせることができる。さらに、屋根に設置されているソーラーパネルから必要なエネルギーが供給される。しかし、移動式ユニットといえど、使用目的によっては上下水道や電気の接続が必要になるだろう。

環境への低負荷が可能な独立式住宅だが、コミュニティ向けにアレンジすることもできる。実は、フィンキューブは、南チロルのホテル経営者、ヨゼフ・インナーホーファーの協力を得て、ホスピタリティというコンセプトをもって開発された。「美しい自然風景を変えることなく、最小限の土壌減少によるテンポラリーなフィンキューブ村を設置することも可能」とアイスリンガーは話す。それは一風変わった趣きをもつコミュニティだが、短期滞在でも丈夫な住まいが欲しいと願う放浪心に応えている。

ミニマルで、素材を重視し、自然と親しんだデザイン。

それは柔軟で賢い未来の観光旅行のニーズに応えている。

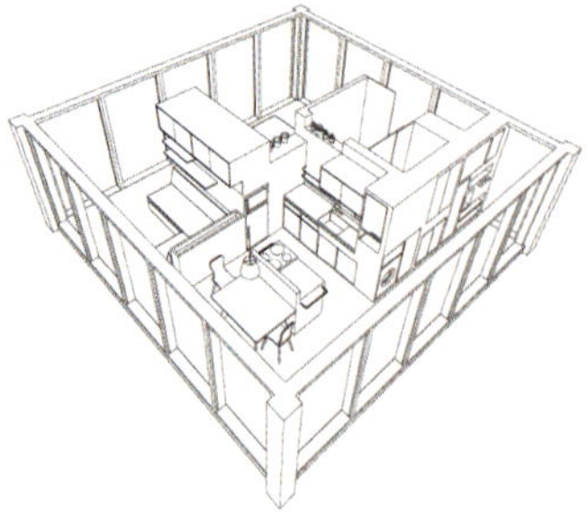

3mの天井高の空間。オープンプランのリビング・ダイニングエリアには階段を上って入る。建物を囲む水平のルーバーは360°のガラス窓の目隠しとなる。

オリジナルのプロトタイプは北イタリア、ボルツァーノ近くの、海抜約1,200mの場所に建てられた。四方の窓からは白雲岩の眺めが一望できる。

Ready to Launch

発射準備完了！

シェルター NO. 2

SHELTER NO. 2

Architect: Broissin Architects
Location: テポトツォラン／メキシコ
Area: 39m²

このモジュール型住居は飛行船に似ているが、実はミクロスケールのウイルスの形にヒントを得てつくられた。「シェルターNO. 2」は、一戸建てもしくは集合住宅プロジェクトの一部として機能する。建築家のジェラルド・ブロワッサンはこれを、「社会のあらゆる階層の人々が2～3人で暮らせるように設計した、経済的なプレハブ式のモジュール型住宅」と説明する。拡張可能で、主材料の90%以上は再生利用可能な石膏製品である。

全体を通していえることは、小規模ながらこのプロジェクトが大きな志があるということだ。幾何学形状は小さなスケールの住宅にとって、とても実用的である。3層からなるコンパクトなデザインは、中階に空間の余裕を与え、下階の占有面積と屋上エリア（熱を逃す部位）を最小限に抑える。六角形の穿孔を覆う壁パネルと同様に、屋根パネルも開口可能で、空気と自然光をふんだんに採り入れることができる。閉所恐怖症を誘引するような暗い部屋にしないこと、これこそがミクロデザインに共通する特徴だ。

ブロワッサンの家には、さまざまな角度から日差しが入り、木漏れ日のような光と影の層をつくりだしている。白で統一した壁と収納、大胆なオレンジ色の家具によって、とても明るいインテリアに仕上がっている。

部屋のレイアウトにも実用主義が顕著に表れている。床面が狭くて出入りしにくい下階には小さな水栽培用の庭を、広めの中央部にはリビングルームと浴室、朝食カウンター付きキッチンを配置した。そして、屋根裏部屋を思わせる最上階の傾斜壁と最小限の天井が、寝室にふさわしいねぐらを形成している。

また、構造と維持の両方の効率を高める要素も組み込まれており、プレハブ部材を10人ほどの作業員が約2日間で組み立て、表面に取り付けたソーラーパネルが電気を供給する。最初は水道本管からの給水が必要だが、その後は灌漑時にプレハブ型の生物学的排水処理システムを通して再利用可能な浄水が供給される。

太陽光発電システムに加えて、この家は環境に対する多くの配慮がなされている。壁と床は、断熱材としてのコルクを石膏ボードで挟んだ層状のパネルでつくられ、窓のペアガラスには再生ガラスが使われている。

また、廃船から譲り受けた鉄鋼を構造材に用い、浴室の壁は再生樹脂のパネルで覆い、家具は再利用プラスチック製にこだわった。1階の水耕栽培の壁に至っては、土を使わずに植物の栽培ができるように、傾斜した壁面の一部を灌漑システムに使用している。

このプロトタイプを手掛けたブロワッサンは「これは大人2人と子ども1人が住める本物の家だ」と主張する。また、エネルギー効率のよい集合住宅の将来的な開発として、単一の構造体をつなぎ合わせ、複数ユニットを形成するウイルスのようなモデルもつくった。「シェルターNO. 2に10分間立ち寄っただけの人であれ一晩過ごした人であれ、その体験したすべての人の思考の引金を引くきっかけになるだろう」と、彼は付け加える。

SFや宇宙旅行を連想させる形態だが、
このプロジェクトの狙いは、
サスティナブルで経済的に実行可能な
住居ユニットの提案、という
地に足がついたものである。

壁のパネルは90%以上が再生材のファイバー強化石膏ボード製である。窓は断熱効果を高めるエアチェンバー付きの高性能な再生二重着色ガラスを使用。床は竹のパネル敷きである。

Life in the Round

ゴロゴロと転がる家

ロールイット

ROLL-IT

Architect: カールスルーエ大学建築建設工学科
Location: ドイツ
Area: 2.5 × 3m

欲望を我慢するなら、一般的な住宅様式にはまだまだ見直しの余地がある。このチューブ状の移動型住居スペースはそう気付かせてくれる。一晩で設置することができ、行政からクレームがくる前に移転できる住居スペースのデザインを頼まれた時、ロールイットのクリエイターたちは移動性について真剣に考えた。そして彼らは、この概念を単なる移動手段として捉えず、インテリアの主な特徴にしたのだ。曲線をもつ小さな空間に基本的な設備を設けるには、空間そのものが移動・変形可能でフレキシブルでなくてはならないからだ。

回転する家のクリエイターたちは「仕事や学業のために引越さなければならない時、新居を探す代わりに家ごと移転できる。許可なんていらない駐車場や素敵な公園を、住む場所として選べばよい」のだと言う。立退きを要求されたら力持ちの友人を数人呼ぶかトラックを利用すればよいことだ。

これは、カールスルーエ大学で行なわれたデザインコンペティションで、クリスチャン・ツヴァイクとコンスタンティン・イェラベックが提案したソリューション「ロールイット」だった。移動性に優れた型破りなデザインには、外から内まで、フレキシビリティというコンセプトが貫かれている。

直径2.5m、全長3mの樽構造を起点として、生活、仕事、睡眠、キッチン、入浴、トイレなどの機能を円形の内部にまとめ、それらすべてを馴染みやすい明るい木目の合板で覆った。

特に宇宙船からインスピレーションを受けたわけではないようだが、非常に柔軟性が高い曲線のインテリアは、隔離された無重力空間における創意工夫に富んだ生活を彷彿とさせる。しかし地球上では、各設備はユーザーの都合に合わせたある程度の水平でなくてはならない。この樽状の家は3つの機能「リング」で構成されている。一方の端には就寝・生活ユニット、もう一方にはキッチン・入浴・トイレユニットがある。そして、廊下にあたる中間リングのスロープ状の壁を歩くことで家全体が回転する。ハムスターの車輪との類似は根拠がないわけでもない。ロールイットはエクササイズにも使用できるようにデザインされている。

リングのより実用的な役割は、両端のユニットに必要な機能を「ダイヤル」（設定）することでもある。両側にある「ファニチャーシェル」（家具の殻）の一つに廊下を接続し、そのシェルが希望の位置に来るまで歩く。そしてシェルの位置を固定し、必要に応じてまた変更する。中央の廊下をダイヤルすることで外殻の開口部と窓が揃ったりずれたりし、差し込む自然光を調節することもできる。この小さなシェルは、多くの可変性と可動性を兼ね備えているのだ。

教授のカミール・ホフマンとマティアス・ミチェル率いるこの企画のワークショップ名は「ゲリラ・ハウジング」である。従来の住宅概念を断つために、故意に挑発的に命名した。しかし残念ながら、たとえ資源や都市空間の有効利用という目標があっても、伝統的な住宅型式に勝る住宅タイプの創造がいかに困難であるかを浮き彫りにする名称でもある。ロールイットはその他の素晴らしいデザインのスモールハウスと同様に、快適で健康的な住空間に必要なものは何か、という問いを見事に投げかけている。また、先入観をもたずに真面目に行ったこの研究からは、その投げかけへの答えが垣間見える。

自分はコスモポリタンだと言い、
樽を住処にしていたディオゲネスでさえ、
この独特な樽のインテリアを見たら驚くだろう。

すべての機能が内部構造に納まっている。中央のリングに沿って歩くと、ベッド、机、キッチン、トイレなどへのアクセスが変わり、固定することができる。構造材は特別に加工された合板を使用。

Not a Toy

おもちゃじゃないよ

ポッドホーム

POD HOME

Architect: リサ・ティルダー, ステファン・トゥーク
Location: オハイオ州立大学／アメリカ
Area: 12m²

最小限住宅はその極端な小ささゆえに、「ちっちゃくて可愛い」などと、まともに取り合ってもらえないこともある。しかし「ポッドホーム」のデザイナーたちは、小空間に大量のものを詰め込むことに成功した。これは、日々消費している空間やエネルギーのことを考えれば、とても重要なことである。

この鮮やかな色の小さなポッドホームは、リサ・ティルダー、ステファン・トゥーク率いるオハイオ州立大学のノウルトン建築学科のチームによって生まれた。ソーラーデカスロン・コンペティション［第4章参照］で提案された数々の流動的なプロジェクトのように、建築学部と工学部の学生たちの共同研究の成果である。

アメリカンフットボールチーム（バッカイズ）の強豪校として知られる総合大学で、この学際的プロジェクトを広め、3年間というスケジュールで参加者の入れ替わりもあるなかでプロジェクトを継続することは、決して容易ではなかった。教授のティルダーとトゥークはなんとか継続し、生徒たちに、クリーンエネルギーを近代住宅に導入するための技術工学の活用法を見い出すよう指導した。

鮮やかな緑色以外にポッドホームの目立った特徴といえば、その形状である。歪んだ台形のボリュームは、住宅技術が建築に及ぼす影響を物語っている。風変わりな形態は、エネルギー効率の向上を目指したさまざまな検討と、標準的な住宅設備を狭小空間にはめ込む努力によって生まれた。

勾配屋根のある基本的な家から取り組み、デザイナーたちは片方の屋根を55°とやや急勾配に設定し、ソーラーパネルによる太陽熱吸収の最適化を目指した。また、東側の壁面を隅切りして十分なダイレクトゲインを確保し、最後に屋根の棟の一端を持ち上げて、梯子で上るロフトベッドを設けた。内部には日常生活に必要なすべての設備がぴったりと納まっている。快適なキッチンとラウンジスペースは1部屋にまとめられ、角には小さな浴室がある。単に、典型的な住宅の機能を極小空間に詰め込むのではなく「住宅の新たな選択肢を探求し、人が快適に暮らすには小さな占有面積で事足りることを実証する」ことを目標としたのだ。

また、さまざまな自然資源を利用することでエネルギーの消費量も削減した。屋根に設置したソーラーパネルが電気を供給し、ガラス面からはダイレクトゲインを確保することができる。

さらに、PCM（相転移素材）を床材として使用した。これは、室温に応じて固体から液体に変化する素材で、室内の温度が低いと固まりながら蓄熱エネルギーを放散し、反対に空気が温かいと液体のまま熱を蓄えるものである。そして、ソーラーパネルは温水供給システムも兼ねている。

ポッドホームは、オハイオ州、コロンブスにある子ども博物館科学産業センターなかの広大なサイエンスパークに展示され注目を集めている。

ポッドホームは、極端に小さく、鮮やかで陽気な外観だ。しかし、エネルギーを無駄にしない生活を提案するという、とても重要な意義をもっている。

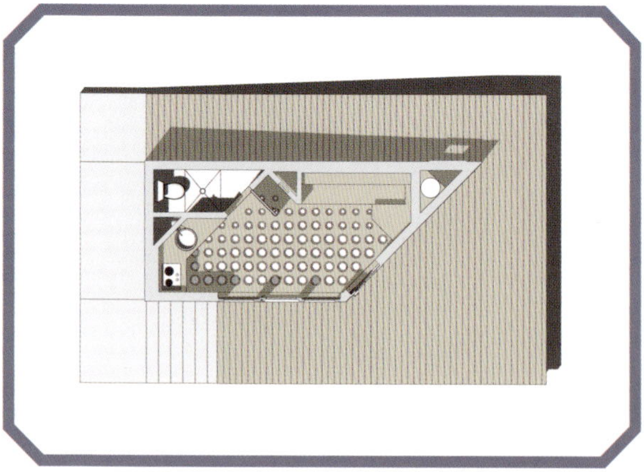

不凍液は、エネルギー吸収を行う太陽熱コレクターを通った後、温水タンクに熱エネルギーを転送する熱交換器に送り込まれる。

デジタル方式で生産された特別仕様の床材には、PCMのためのエアポケットを設けている。熱エネルギーの蓄積と放散を行いながら室温を調節する。

ポッドホームは、構造体と断熱材を組み合わせた地元産のパネルでつくられ、高い断熱性能を実現している。内装にはFSC（森林管理協議会）認証の合板を使用。

Pavilion Ahoy

これぞパビリオン！

アルキボート

ARKIBOAT

Architect: ドリュー・ヒース
tLocation: シドニー／オーストラリア
Area: 30m²

ハウスボートというものは押し並べて、標準的な住宅を水に浮かぶコンパクトな形態に置き換え、快適性の再現に最善を尽くしているものだ。そして、水上生活におけるそれ以上の望みは、あまりにも高い理想や予算のおかげで、ほとんどの場合実現しない。

建築家ドリュー・ヒースにとって、水上ハウスのデザインは新しいアプローチに値した。彼の説明によると「オーストラリアのこの地域の典型的なハウスボートは平型船の紋切り型で、周囲との関係性が希薄だ」という。モダンなオーストラリア住宅の屋外スペースは、寒い地域に暮らす人々の羨望の的となっているが、ハウスボートのデッキスペースは機能するために最低限必要なものでしかない。

ヒースは、周囲に広がる海の風景に内部を開放できるような、ベランダタイプのデッキをつくろうと考えた。それは均整のとれた、水に浮かぶモダニズム建築のパビリオンのようだ。部材はスチールとガラスに代えて、ナチュラルウッドに絞った。空、森、湖の景色を採り込む開口部と、ナチュラルウッドが互い違いに空間を取り囲み、屋内と屋外の開放感を増大させる。

この水上のパビリオン「アルキボート」は、ほかにもモダニズムの感性を踏襲している。ヒースが認めるように、デッキが周囲を取り囲んでいるところは普通のボートと同じだが、中心に位置する家がデッキと同じ高さにある。その効果は、単に段差をなくすだけではない。ほかの海洋住宅に比べてはるかに開放的で、自由で流動的な関係を生み出している。通常のハウスボートの生活スペースはデッキから数段下がっており、いわば半地下のアパートメントだ。それに対しアルキボートは、住宅を水位より高く保つことで、風、空気、そして自然光がすべての空間に行き渡り、周辺環境をより直に感じることができるのだ。しかしこのパビリオンは、比較的高く設置されているものの、フォルムは低く自然のなかでも目立たない。

大きく張り出した屋根は、室内への強い直射日光を遮ると同時に、真下のデッキエリアの雨除けにもなる。それが、モダニズム的パビリオンの典型でもある屋内外の曖昧な雰囲気を一層強く醸し出している。そして滑らかで温かみのあるフローリングの床が内部から外部へ続く。また、窓と引戸も設けたことで、景色はたまに一瞥されるものではなく、常にある存在になった。

計画自体はシンプルで、リビングとキッチンエリアが操舵装置とともに前方に配置され、主寝室は後方、小さな2つのベッドルームと浴室が中央に納まっている。収納はベッドの下や造付けのユニットに設け、キッチンはコンパクトにまとめた。ただし、リビングキッチンは、両端の大きな引戸を開放することで、最小限に絞った占有面積よりもはるかに大きな空間に感じられる。

そして、2つのステンレス製の浮揚函に支えられ、25馬力のモーターで駆動する。湖での使用に適している一方、荒い海には明らかに向かない。ヒース曰く「もちろん、これは遠洋航行向きのハウスボートではない」。シドニー港北の河口のような「風や波のない穏やかな入り江」で使用するためにデザインされているのだ。穏やかな環境において、低出力でシンプルなモダンデザインを通じて自然を楽しむことは理にかなっている。アルキボートは決して豪華なヨットではないが、その優美なフォルムは周囲の景観と見事に調和する。

大きく張り出した屋根と床レベルのデッキによって、モダニズム建築のパビリオンのような姿をしたアルキボート。壁と梁には軽量木材を、箱梁と筋かい壁には合板を使用。屋根には金属板と発泡断熱材を張っている。

空間の大きさは、ハウスボートにしてはかなり大きいが、
典型的な家にしてはやはり小さい。

スライド式のパネルとドアは内部空間をシンプルに保ち、開放的にする。周囲の窓によって、景色は屋内外いずれもの一部となる。

Filling in the Gaps

隙間を埋める家

バブルハウス

BUBBLE HOUSE

Architect: MMASA Arquitectos
Location: コルーニャ／スペイン
Area: 4m²

都会で増加する一方の短期滞在者の住む場所を確保するために、何人かの建築家たちがあることに注目した。それは、既存のインフラの隙間や周囲、さらにはその上に住居空間をつくることだ。スタジオ・アイスリンガーによる屋上に設置するロフトキューブや、ステファン・エバーシュタットの建物のファサードに吊るすリュックサックハウス、リチャード・ホーデンによる臨時の宿泊設備としてどこにでもフィットするミクロコンパクトホームなど、いずれのプロジェクトも定住しない自立型住宅の開発を目標としている。

都市の多くは、巨大な一枚岩のようなビルで溢れ返り、すでに自然光や空き地は追いやられてしまっている。そんな場所に鉄鋼やガラス、レンガやモルタルでさらに建築物を増やす意味があるのだろうか？　これがまさに、MMASAのルチアーノ・アルファヤとパトリシア・ムニッツがバブル型構造で取り組んでいる問いである。「論点は近代都市に仮の住まいをつくる必要があるのかということで、短命だがダイナミックかつ適応性があるものの重要性を学んだ」と彼らは言う。

アルファヤとムニッツは、プラスチックのテントを連想しがちな「都市の隙間」などと呼ばれる場所に、人々の生活空間をつくる潜在的可能性を見出しているのだ。このような計画されたエリアでさえ手を加える余地が残っていて、フル活用されていない私有地も利用できるのではと考えた。

その解決策として、組立てが簡単で低コストな移動式シェルター・キット「バブルハウス」を提案した。このキットは従来のテンポラリーな構造体が解決できなかった次の4つの基本的な点を取り上げて

CBS
DEL 1 DE JULIO AL 31 DE AGOSTO
bajas
MANOS
50%
El Corte Inglés
VP-32269

いる。①全体の表面高を揃える、②断熱効果と快適性に優れるとともに特殊な環境に適応できる覆いをつくる、③頑丈さを保証するしっかりした構造を確立する、④基本的な衛生設備を設置する。

バブルハウスは「建物」全体が金属製のキャリーボックスに納まる。金属柱をつなげて構造フレームをつくり、1枚の二重層プラスチックシートで全体を張り囲み、壁と屋根を形成する。もう1枚のプラスチックシートは床に敷く。エアマットレスもある。そして、ソーラーパネルが照明と電化製品への電力を供給する。ボックスに含まれたシンクと調理台がキッチンブロックとなる。

ここまでは普通のテントのようである。しかし新しい発想は、その二重層膜に隠されている。さまざまなサイズの空洞もしくは「バブル」をつくるために、シートが一定の間隔で接着されており、そこに収納した衣類やそのほかの軟らかい物が断熱材として機能する。

美しいバブルが葉っぱなどで埋め尽くされたら、プライバシーと健康的な緑の背景を両立することになる。バブルは住人が使用する水を蓄えるためにも活用できるが、公共の水源からも水を補給できるのでは、と彼らは考えている。また、1枚のプラスチックシートで構造をつくったことで簡単に設置でき、内部の温度が安定した。長期滞在者の場合は、屋外シャワーと化学処理式トイレを追加することもできる。

これほど必要最低限のライフスタイルを、誰もができるわけではない。このアプローチにはある程度、学生らしい突飛な思考が存在する。しかし、その根底にある考えを除外することは、そう簡単ではない。貧しい人々に適切な住宅を供給できない都市が多いなかで、シェルターの概念に対する柔軟性を試すときが近付いているのかもしれない。

壁と屋根は1枚の二重層プラスチックシートでできている。封をされた箇所は、衣類やそのほかのものを収納すれば断熱材として機能する。そこに生活用水を貯めることも可能。

3

MICRO-RETREATS

極小の家たち

森の木々と青い空に囲まれた居心地のよいコテージ。なんとも魅力的な隠れ家だ。たとえ小さくても、多くの人が憧れるのはこういった家である。ただ、居住スペースを縮小するための策として田舎暮らしを選ぶのは、いささか理不尽かもしれない。のんびりと週末を過ごしたり、数週間の休暇をとるための家なら、日常生活の空間的要求を満たす必要はないからだ。

しかし、ここで紹介するチリ、韓国、カナダ、オーストラリア、フランス、オランダ、スウェーデン、台湾、そしてアメリカにおける事例は、素敵な隠れ家以上のものを提供している。これらの家が仮の住居に適している理由は、遠隔地であることと、限られた利便性にあり、居住性の乏しさや、素材・デザインの至らなさによるものではない。田舎のキャビンは極小住宅を考えるには打って付けだが、ここで紹介する例には、規模以外にも注目すべき価値がたくさんある。

テイラー・スミスによるカナダの「サンセットキャビン」（→P.118）は、空間の縮小を試みたものだが、このような住居がもつ可能性の模範的存在といえる。すべての設備（水道や調理設備）こそ備えていないが、繊細な木製ブラインド付きのたった25.5m²のスリーピングキャビンとポーチは、簡単に拡張することができ、なおかつ通年の利用が可能だ。それでも本書が設定した専有面積75m²という条件を優に下回る。そして、空間や素材、光のクオリティは、普通の大きな住宅よりも優れている。

ステファン・アトキンソンによりコロラドに建てられた山の隠れ家「ヴァケーションキャビン」（→P.106）もある。キャビンの本質的な要素まで削ぎ落しているにもかかわらず、魅力的な感覚に満ち溢れている。まるで体にぴったり合うコートのように、十分な設備が空間に納まっているのだ。テイラー・スミスのサンセットキャビンほど素朴ではないが、敷地に対応すべく建てられた控えめなモダンさがある。

フランスの片田舎に建つ、シリル・ブリュレの「キャバノン」（→P.110）は、ル・コルビュジエの象徴的なヒュッテに通じるものがある。しかし彼は巨匠とは違い、既存の地方建築との兼ね合いのなかで小屋自体にも注目した。同様に、チリの山岳地帯のゲストハウス「カーザインヴィタドス」（→P.96）は、山腹の凹みにそっと嵌め込まれるように建っている。

ビヨン・ス・チョーによる地下の家「アースハウス」（→P.124）は、地面に深く埋め込まれた静寂な空間である。この家は、大地、空、星などを題材にする詩人からインスピレーションを受けている。このほか、自然と調和したプロジェクトとしては、マルコ・カーサグランデによる台湾の「チェンハウス」（→P.114）がある。この地域に多い大型台風への対処に加え「いつか人為的なものが自然の一部となった時、この建物は廃墟になる」という建築家の望みが反映されたデザインである。

パーン・アーキテクツによりスウェーデンに建てられた「ホリデーハウス」（→P.128）は、外壁が鉄板張りで、自然環境にも屈しないような面持ちだ。起伏のある地形に意図的に低く佇む姿は、豪奢ではないが十分に居心地のよいインテリアをもつ、ひっそりとした安息の場の好例である。

By Invitation Only

お客を厳選する家

カーサインヴィタドス

CASA INVITADOS

Architect: AATA Arquitectos
Location: リカンチェウ／チリ
Area: $26m^2$

このプロジェクトに求められた課題は、田舎で休暇を過ごすための小さなキャビンをデザインすることだった。基本的な設備のみが求められたが、悪天候や丘陵の傾斜に耐えられる省エネルギー型の住宅をつくることも目標に加えた。そして、家の方角や断熱構造、窓の位置、建材などが注意深く選択された。ごく当たり前の考慮がなされただけにも思えるが、非凡な印象の建物が生まれる結果となった。

緑の広がる山から覗くように突き出したシンプルな形態が魅力的な景色をつくり出し、さらに近付くと、面白い要素がどんどん見えてくる。それでいて、全体が心地よい素朴さに包まれているのだ。

この木造2階建て住宅は5.4m角の立方体である。壁は藁スサと漆喰を混ぜたもので覆われ、冬から夏にかけて気温が変化した際に、優れた断熱効果を発揮する。そしてこれを透明なポリカーボネートシートで覆い、風雨から守っている。ポリカーボネートシートの上下の縁には耐久性の高い亜鉛鉄板を使用し、建物に対するアース接地の役割も果たしている。地域材を使用した内装と同様に十分な堅牢性を実現している。

屋根には、地元の牧草地と同種の土壌と草が敷かれている。これらは環境性を向上させるだけでなく、建物を風や熱から守る機能も果たしている。建築家たちは屋根を、「見えないけれども不可欠な要素」とするのではなく、第5のファサードととらえているのだ。屋根は住宅の断熱にとって重要な役割を担っているし、角度によっては丸見えにもなるからである。

また、正面の大きな開口部は、サマーパビリオンのような印象を与えている。冬の間は、気密性の高い大きなガラス窓から降り注ぐ日差しによって、内部は自然に温められる。ほかの壁面に設けた窓は小さいが、暖かい日には効率的に換気を行えるよう配置されている。さらに、室内を白く塗装することで自然光の効果を最大限に引き出し、人工照明を削減している。

敷地に対する負荷を最小限にするため、建築家たちはバンガロータイプより2階建てを選んだ。間取りも至ってシンプルだ。1階にはオープンリビングスペースとキッチン、そして浴室があり、2階はロフトスタイルの寝室となっている。白く塗装したムク材によって素朴さを残しつつ、モダンでクリーンなインテリアをつくり上げている。

このような基本的デザインを、単なる機能的な住居としてぞんざいに扱うのはたやすいことだ。しかし、その素材使いと仕上げ方を見れば、占有面積が小さなこのプロジェクトがさらに環境に配慮を加えていることは明らかである。

シンプルな建物には違いないが、それは未開のランドスケープと広大な見晴らしからインスピレーションを受けて洗練されたものなのだ。ゲストはきっと、ここに辿り着いたことを誇りに思うに違いない。

この省エネルギー型住宅では、室内を白く塗り上げることで自然光を壁に反射させ、人工照明の必要性を低減させている。窓は冬期における十分な採光と、夏期における換気を効率的に行えるよう配置されている。藁と泥漆喰の壁材がポリカーボネートの被覆から透けて見える。上下の縁には亜鉛鉄板を使用。

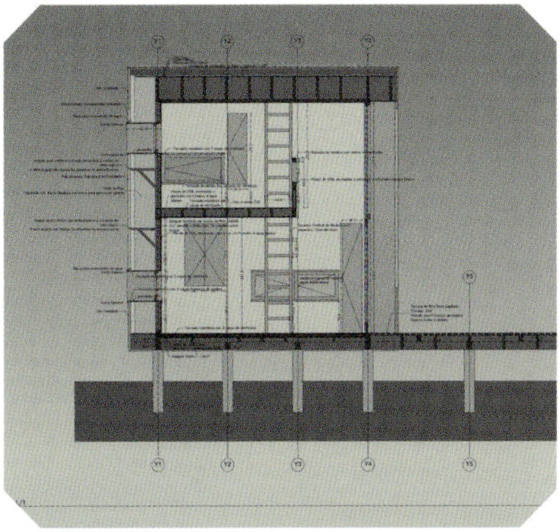

Circling the Issue

振り出しに戻る家

メリーゴーランドハウス

MERRY-GO-ROUND HOUSE

Architect: ビュロー・イラ・コース
Location: ドレンテ／オランダ
Area: 55m²

中世に建てられた大ホールは、市民にとってのシェルターとなり、また、食事の場や集いの機会を与えることとなった。その後、部屋は用途ごとに分割され、ホールはプロムナードとなり、絵画や彫刻の個人コレクションのギャラリーにもなった。20世紀に入ると、ホールはさらに仲介的な機能を担い、主に暖房するために閉じられた各居室へのアクセスとして使われるようになった。

イラ・コースの見解では、住宅（特にホリデーコテージ）の型式は、長いこと退屈なものであったという。「メリーゴーランドハウスのデザインは、各居室の開口が中央廊下に面した伝統的な間取りとを反転することで、ホリデーコテージに新しい意義をもたらす」と彼女は説明する。

つまり、家の奥へ先導する廊下の代わりに、アクセス用の廊下が周囲に走り、全居室がそれに面しているのだ。メリーゴーランドの周りを歩いて馬を選ぶのに似ていることから、この名前が付けられた。さらに好奇心をそそられるのはバスルームである。2ヵ所ある就寝用のアルコーブの間の細い空間とキッチンの裏側を、まるで迷路のように通り抜けてアクセスする唯一囲まれた居室であり、そこの天窓が計画の中心になっているのだ。

正方形のプランには合計8つのアルコーブが納まっており、いずれの部屋も屋外の自然風景に面している。就寝用スペースとしてはベッドを兼ねる収納付きアルコーブが設けられ、上にマットレスが敷かれている。その横の壁には小さなソファも埋め込まれている。さらに進むと「シッティング・スイート」と名付けられたリビングコーナーがあり、3面の壁に造付けのU字形ソファが設けられている（壁埋込み型テレビも設置）。その先の角を曲がると、収納ブロックとダイニングコーナーがある。

隅に位置したこの場所では、2つの勝手口を開くと開放的な気分を味わうこともできる。ダイニングの造付けのベンチと大きめのテーブルは、リビングコーナーのピンクや赤などのビビッドな色使いではなく、温かみのある合板を用いている。その隣には、壁に沿って小さなギャレーキッチンが設置されており（その裏側は浴室）、先に進むと浴室へ続く通路を挟む就寝用アルコーブの場所へと戻ってくる。廊下に沿って歩きながら、立方体に賢く納まっているさまざまな居室を見つける。まるでかくれんぼのようだ。あるいは、ミース・ファン・デル・ローエのファンズワース邸のリビングコアをガラス窓まで拡大させたような家でもある。

このような建物の外部周辺を歩くことは、内部あってこその体験なのだ。しかしイラ・コースは、ミースよりもプライバシーと安全性を重視した。メリーゴーランドハウスの外壁は88枚のパネルで構成されており、そのうち44枚はガラス窓付きの鎧戸である。パネルの外側は緑色だが、内側は白色だ。鎧戸がすべて開くと固定されたパネルと重なり、44枚の縦長窓をもつ建物は、緑から白へと変化する。そして、すべての鎧戸を閉めると森の中に佇む淡い色のモノリスとなり、周囲の青々とした景観に溶け込む。

反永久的に設置されたメリーゴーランドハウスは、ホリデーコテージの新たなタイポロジーを開発するアートプログラムの1つとして建てられた。コンセプトである数々の扉は、展望のみならず、自然のなかに小さな家を建てることの可能性に向かっても開かれている。

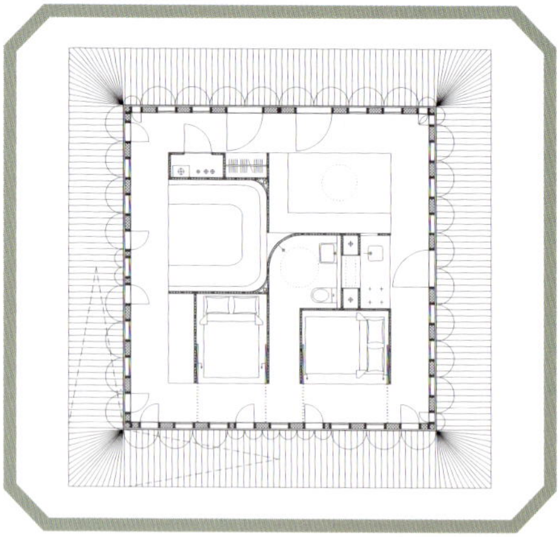

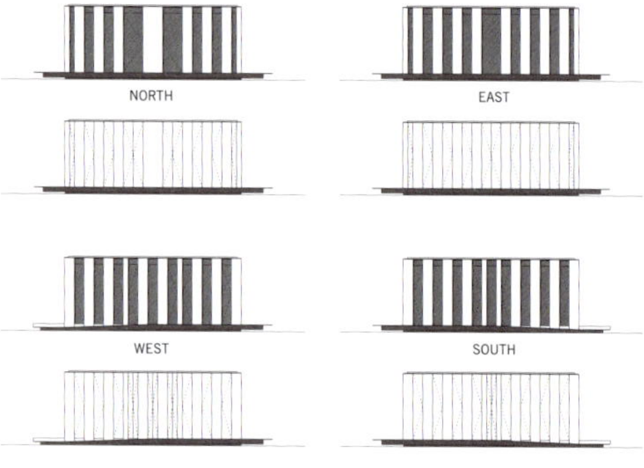
NORTH
EAST
WEST
SOUTH

8つのアルコーブにすべての機能が納められている。中央部分に設けた天窓の下にはシャワーコーナーがある。「家具、色、光、素材、景色のすべてが、コンパクトに固定されたインテリアに凝縮されている」とコースは言う。

ファサードの88枚のパネルのうち44枚はガラス窓付きの鎧戸である。パネルの外側は緑、内側は白に塗装されている。鎧戸を開くと固定されたパネルに重なり、外壁の色が緑から白に変化する。開閉可能なドアと窓は全部で15ヵ所。

High Modern

レベルの高い山小屋

ヴァケーションキャビン

VACATION CABIN

Architect: Stephen Atkinson Architecture
Location: コロラド州ドゥランゴ／アメリカ
Area: 27m²

コロラド州南西部、大きな渓谷の景色が一望できる海抜2,286mの大森林に囲まれた険しい山間に「ヴァケーションキャビン」は建つ。田舎家の風合いを帯びてはいるが、ありきたりな小屋ではない。小さな離れほどの大きさに、基本的な必需品がすべて揃っている。

その設計要項では単なる「ログキャビン」ではなく、サスティナブルな施工や耐火性などが要求された。フロアプランは 7×7mの正方形で、内部の半分をリビング・就寝・浴室スペースとし、もう半分を屋根付きのデッキに当てている。「凹んだ駆体が象徴的で、周囲と距離を置いて存在感を強調し、屋内と屋外の陰陽のバランスをつくりあげている」と建築家は言う。ポーチの両端に設けられた2ヵ所の入口は、左右対称に見せるためのものである。

自然の景観のなかで、バケーションキャビンを超然とさせているのは、その素材である。丸太や下見板の代わりに、不燃性の石膏漆喰や金属板屋根、金属製防火シャッターで仕上げているのだ。これらの素材は山火事に備えるという実用性をばかりでなく、現代的なデザインソリューションとしても解釈される。それは自然の美が溢れる場所に、静かに鎮座するニューモダニズムなのだ。

この家は、まるで過保護なシェルターのようだ。2倍の大きさの張り出し屋根が、低く水平な正面ポーチをつくり、間取りの長手方向の両端に直角に幅広板が敷かれている。つまり、景観を遮る3本のスリムな支柱のいずれかを横切ってキャビンに入ることになる。また、前面には大きな2組の窓、後面にも建物の半分ほどの高さの位置に8枚の出窓を設けた。塊のような建物の形態から想像するよりも、内部空間は明るい。

建築家たちとクライアントは、伝統的な木使いと田舎風のスタイルを避けたが、サスティナビリティには固執した。彼らは、可能な限りサスティナブルな建材と地元の原料を利用する設計を心掛けた。枠組み用の木材と合板はすべて伐採木を利用したものである。塗料などの仕上材にはVOC（揮発性有機化合物）が少ないものを選び、外壁は石灰系、浴室廻りは泥石膏で仕上げている。コンクリートのカウンターは現場でつくられたものだ。

また、建具と家具は、地元の枯れ木や道路の新設工事の際に切り倒された木々を製材してつくられた。断熱には大豆を原料にしたスプレー式ウレタンと、リサイクルのデニムを細かく裂いたものを利用している。いずれも大々的には発表されていないが、彼らの意識の高さが窺える。

ステファン・アトキンソンは、北カリフォルニアに拠点を置く事務所で、アメリカ各の小型住宅やキャビンを設計してきた経験をもつ。そこから独自の「新しくて、かつ土着的」なデザイン法を身につけたという。それは、伝統的な建築形式を尊重しながらも、現代建築における効率的な手法を用いることである。

ここでは、昔ながらの景観のなかに建つ新しい形態のシェルターをつくった。その小型なサイズこそが、環境を意識したモダンなデザインを控え目に物語っている。

耐火性能を向上させるための金属製の屋根とシャッター、不燃材による外壁が特徴的。一般的な郊外型キャビンよりモダンな外観だが、素材は環境に配慮されており、ほとんどが地元で調達されたものである。プランは半分が屋内空間で、残りの半分の屋外デッキは広大な景色に開かれている。

All About the Land

ただそこにある家

ル・キャバノン

LE CABANON

Architect: シリル・ブリュレ, Atelier Crreia
Location: ヴィリエール・アン・モルヴァン／フランス
Area: $20m^2$

この小さな「ル・キャバノン」は、空間の縮小を目指すべく、シリル・ブリュレが自身のために設計し、ブルゴーニュの農村に建てたものだ。このキャビンは、作業場で組み立てられた後、約60日をかけて元酪農場だった敷地に散在する建物の間に移築された。コンセプトは「最小限の居住スペース、最大限の屋外利用」というものだ。コテージでも移動型住宅でもなく、ヒュッテでも掘っ立て小屋でもないこの建物は、丘や草原、背景にある緑豊かなランドスケープすべてを構造の一部としている。

素材、構造、開口、配置についての選択は、「キャバノン」の考え抜かれたシンプルさに結実している。ル・コルビュジエが自分と妻のためにコート・ダ・ジュールに設計した、同じような名前のついた休暇小屋を思い出す人がいるかもしれない。しかし、ル・コルビュジエの小屋はブリュレのそれに比べると、外部ははるかに粗削りで、内部は細やかに設計されている。前者の作品では、美しい金色のベニヤ板でつくられた引戸、折戸、家具の数々、そして鮮やかな色調の壁塗装が内部を飾っている。

もしも、光や空間そしてプロポーションに対する配慮がこれほど明らかでなければ、ル・コルビュジエのキャバノンは、コンクリート構造で知られる巨匠の理想的な静養先としては矛盾を感じるさせかもしれない。彼はこの別荘を「フランスのリビエラに建つ私の城」と呼んだ。期待を裏切るのが好きな彼が、この小屋を城と呼ぶのは納得ができる。

一方、ブリュレの場合は、コンクリート基礎の上に建つ、北欧のモミ材を使用した木造の家だ。地面から60㎝ほど持ち上がってい

るので、あたかも草の上に浮遊しているように見える。

形態と素材は至ってベーシックであり、控えめな構造用パネルが内壁を覆っている。

建具はステンレススチールでつくられ、天井は白木の板張りである。注目に値する多くのデザインがそうであるように、素材使いによって生まれたその単純さは芸術の域に達している。

また、室内に変化を与えるため、仕事コーナーには幅狭な水平窓、景色を眺められる特大の玄関、そのほかの壁面には小さな箱型窓といったさまざまな形や大きさの窓を設けた。小屋の形は真四角ではなく台形で、ガラス戸の入口に向って広がっており、その先には起伏のある風景が見える。

この小さな隠れ家は、より有名な先例とまったく関係がない、とブリュレは言う。それよりもむしろ、この小さな家の住人にとって周囲の景観がもっとも重要な存在となること、母屋の周りに散らばる離れと調和していること、そして存在自体が「明瞭」であることを主張している。

この木造の小屋は、広大な土地で宿と暖かさを提供する余計な思索や理屈を要求しない。建築哲学を押し付けるわけでもない。とてもシンプルで思慮深いアプローチをうまく実現化したとき、素晴らしい建築が生まれることを教えてくれている。

コテージでも移動型住宅でもない、極端にシンプルな形体のル・キャバノンは、建築家自身の住宅兼オフィスである。北欧のモミ材のサイディングにアヒルの羽毛を使用した断熱材、室内はOSBパネル張りといったディテール。

旧搾乳場と畜産農場の土地に建つ。地面への負荷を最小限にするためにコンクリート杭で持ち上げられている。大工の作業場で組み立てられた後、この敷地に搬入された。主要な構造部の移築には約60日を要した。

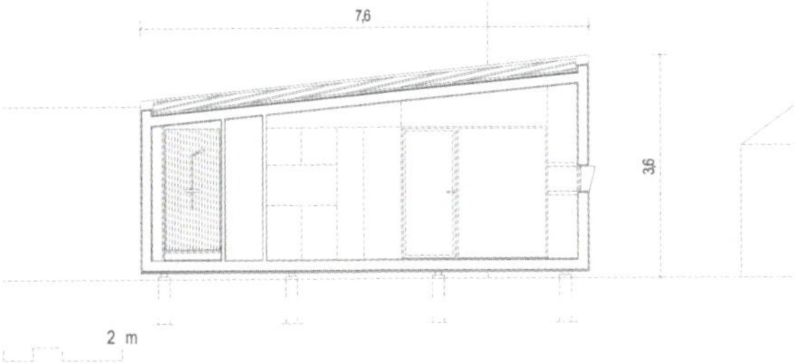

House of Wind and Water

受け流す家

チェンハウス

CHEN HOUSE

Architect: Casagrande Laboratory
Location: 台北市三芝／台湾
Area: 62.5m²

フィンランド人の建築家、マルコ・カーサグランデは「この家を廃墟としてデザインすることを企望した」と語る。建物の破壊を予言しているのではなく、このプロジェクトが景観破壊の一部でないことの理解を得るために、その定義に疑問を投げかけたのだ。彼の信条によると「廃墟とは、人為的なものが自然の一部となること」と、いかにもポジティブなものである。自然のなかの人という、よりホリスティックな見解が、この北台湾大屯山の桜庭園に建てられたミニマルな小屋のインスピレーションとなった。

これが単に周辺に付随している建造物だという考えは、この計画の純然たる簡潔さと深慮深さにそぐわない。「この家は、強風や洪水、暑さに対応する器としてデザインされた」と、建築家は説明する。この目的のためにさまざまな手段がとられた。

まず、隙間を設けた木製の外壁と大きな開口によって、強風が直撃せず家を吹き抜けられるようにした。そのことで、暑い日には爽やかな風が室内を換気し、近傍の真水貯蔵地からも適度な湿気を運んでくる。また、コンクリートパイプの上に載った高床式構造なので、洪水期には水が床下を流れていく。

傾斜したルーフテラスは、
まるで人々をジャングルに送り出す
航空母艦の滑走路のようだ。

このベーシックで開放的なデザインは、定住型住宅というよりも粗末なシェルターのような印象を見る者に与えるかもしれないが、凝った工夫も施されている。延長した屋外デッキによって強調された水平ラインが、山脈に向って伸びている。そして、高さを抑えることで風の抵抗を軽減し、なおかつ平坦な土地に上品な佇いを醸し出している。

間取りが生む動線は屋内外をフレキシブルにつなぎ、小さな浴室とキッチンスペースは、台風が来ても構造体を固定しておけるバラストとして機能する。水廻り設備は東面から突き出た部分に収まっており、浴室の隣のサウナも併せてアンカーとして機能するよう配置されている。

「自然が及ぼす影響は、単なる詩的な気まぐれではない。台風が年に7〜8回襲来し、地震もある。また"ドラゴン・ウィンド"という、気温の低い山頂から暖かい山麓に強く吹き下ろす風があり、それが工事期間中にも起こった。足場は吹き飛ばされ、鋼管さえへし曲げられてしまった」と、建築家が語る。そこで地元に住む80歳代のリーさんが、施工業者に地を耕すようアドバイスした。そうすると地面が冷やされ、風が吹き下ろさないというのだ。「我々はただちにガーデニングを始めた」とマルコは説明する。どうやら効果はあったようだ。リーさんからのもう1つのアドバイスは、蛇を寄せ付けないために、アヒルを飼うことだった。

レンガ造りの暖炉が、開放的なリビングスペースの中央に（外壁に接してではなく）設置されている。冬場に家全体に最大限の熱を送るためだ。屋上テラスへは同じ木材の階段でアクセスすることができる。上方に向かって傾斜した屋上は、手前は高壁で囲まれ、奥側は壁がないのでジャングルがよく見える。屋根を突き抜ける低めの煙突では、食べ物を燻したり、焼いたりすることも可能だ。

主にマホガニーを使用しているこの家は、非常に素朴な性質をもつ。特に色調に関しては、植物がほとんど生息しないような隣接エリアに広がる赤土とも相性がよい。

しかし「この家は強固でも重厚でもない。むしろ軟弱で柔軟である」とマルコは訴える。農民に必要なシェルターとしてデザインしたわけだが、「環境から隔離するつもりはない」とも指摘する。確かにこんなにスカスカでは、決して外部を閉め出すことはできない。それは、軽妙さをもつ頑丈なプロテクションをつくる一方で、自然に抵抗せずむしろ大いに受け入れるようなデザインなのである。

時折起こる洪水対策と台風に耐え得る機能を織り交ぜた高床のデザイン。この「バイオクライマティク・アーキテクチャー」は、暑い日には大屯川と近傍の貯蔵地から涼風を運びこむようにデザインされている。リビングエリアには調理可能な暖炉を設置。サウナ付きの小さな浴室は家の片側に突き出している。

Lake Light

湖畔の灯

サンセットキャビン

SUNSET CABIN

Architect: Taylor Smyth Architects
Location: オンタリオ州レイクシムコ／カナダ
Area: 25.5m²

「サンセットキャビン」。湖畔に佇む、ロマンティックなネーミングの小さな家は、ルーバー窓から夕暮れ時の日の光と黄昏が差し込み、決してその名前に負けていない。建築家のマイケル・テイラーはこのワンルームハウスを「シンプルだが洗練されたコテージ」と表現している。そのインスピレーションとなった伝統的な小さなキャビンもしくは納屋は、カナダのこの地域では一般的なもので、今日ではキットセットで組み立てることもできる。レイクシムコ南岸の岩が露出した斜面に建てられたこのキャビンは、周囲の景観に対して控えめだ。しかし、居住者には暖かなシェルターとなり、周囲の森林の美しい色彩を体験する場となる。また、プライバシーの保護と見事なモダンデザインを兼ね備えている。

このキャビンは機能的な住宅として建てられたわけでない。丘の上に自宅を構えるクライアントが「いつも夕日を楽しんでいた場所でさらに景色を満喫できるような、プライベートな隠れ家」を望んだのだ。

質素な小屋とは比較にならないが、僻遠の地と険しい地形に対してできる限り簡単な施工のデザインを試みた。2本の鉄骨梁の上にプレハブの部材を組み立て、それをコンクリートのケーソン上に置く工法である。建設工程を平易にするため、まず駐車場で4週間ほどかけて全体を組み立て、部材に番号を記して解体した。そして敷地に運搬し、わずか10日で再び構築された。セダムやハーブを植栽し、「緑の屋根」が加えられた。それは断熱効果を高め雨水を濾過する役割を担うとともに、小さな家のカモフラージュにも一役買っている。

開放的な３面ガラス窓はスギ板の皮膜によってやわらかに遮られる。「原野に枝でつくられた原始的な小屋」を彷彿させると建築家は言う。断続的な水平の隙間がパターンをつくる外皮と大きな開口が、木材にリズムと変化をもたらし、プライバシーを損ねることなく室内全体に自然光を揺らめかせる。「冬には、ルーバーのはっきりとした水平性が、枯れ木の幹がつくり出す垂直なリズムと対照的になる」と、テイラーは言う。さらにルーバーは、家のすぐそばで煌めく湖の水面に向うダイナミックな視界をつくり出す。

このキャビンの大きな手柄の１つは、季節の変化に順応していることである。春には外観が周囲の自然と溶け合い、冬には雪に覆われた敷地に平屋がぴったりと寄り添う。一方、昼夜においてもそれぞれの特徴を見せる。日中、日の光によって光と影のパターンが生まれ、夜の暗闇のなかでは外壁の間から洩れる金色の照明光が美しい灯籠のようだ。

屋内には薪ストーブ付きの開放的な寝室がある。トイレはコンポスティング式で、屋外には、夏に湖から水を供給して使用できるシャワーと洗面台もある。

完全装備の住居スペースにするつもりはないが、このキャビンでは小さなロマンスとコンパクトな効率性を得ることができる。そこには、自然を愛するデザイナーたちをインスパイアするものがたくさんあると思われる。

レイクシムコの南岸の斜面に
心地よく佇むこのワンルームのキャビンは、
シンプルで洗練されたカナダの小屋である。

木とガラスでできた箱は湖畔にかすかに浮いているかのようだ。壁全体がガラス面で、外装のスギ板の水平ルーバーが構造体を補強し、明るい夏の直射日光を遮る役目を果たす。

内壁はカバ材の合板で仕上げている。水平ルーバーが室内全体にパッチワークのような光と影のパターンをつくり出し、一日のなかで変化を見せる。小さなポーチが湖に面している。

収納付きのベッド、壁面の収納キャビネット、薪ストーブといったミニマルな家具を設けている。冬には自然光も室内を温め、春には新芽の兆しが影をつくる。

Earthly Dignity

地中に宿る威厳

アースハウス

EARTH HOUSE

Architect: BCHO Architects
Location: 京畿道／韓国
Area: 32.5m²

僧堂のような簡素な優美さと、モダニズムのアイコンである厳格な幾何学性を兼ね備えている。韓国の北東に位置する京畿道地方の森林地帯に、BCHOアーキテクツのビョン・ス・チョーが、瞑想とリラクゼーションのための家を建てた。地下2.7mの深さに埋められた「アースハウス」は、チョー曰く「快適性と非快適性の間にある場所」だ。

基本的な素材と目に見えない支持材を使った実験的プロジェクトの1つといえるだろう。チョーの作品にある、2階建てコンクリート造のフォーボックスハウス（2007年）では、柱のない構造にするため、PCケーブルを使用した。またトゥーボックスハウス（2005年）では、クライアントの希望したインダストリアルな雰囲気を出すために、埋設式スチールプレートを使った。このプレートは連続構造の一部を形成し、純粋な要素のみを残している。また、コンクリートボックスハウス（2004年）では、モニュメンタルな立体のような家を実現した。チョーの作品では、高密度で要塞のようなコンクリートの立方体には大抵中庭が隠されている。そして、内部の全居室が明るく開放的で、平穏な空間に面するように配置されている。また、いくつかのプロジェクトでは、地盤レベルに水平に設けられた長い窓が屋内外を結びつけている。

アースハウスも本質的に、同様の清廉さをもっている。まるで、優美な固体が地中深く沈んだかのようだ。ここにも、地上に輪郭を描いたように隠された中庭があり、空に向って建物を開放している。視線を上へ促すこの演出は、建物がもつ叙情性の一部だ。実はこの家は、韓国の有名な詩人、ユン・ドンジュを讃えて建てられた。

ドンジュの詩の、空・大地・星を題材とするものからインスピレーションを受けた構造体なのである。チョー曰く「自然と人間の根本的な関係を見つめ直した家。施工の効率性と、私たちの五感を千思万考したうえで建てられた」。

基本構造は、地中に埋設されたコンクリートボックスだ。この枠組みに、6つの居室（各1ピョン=1坪、3.3m²）と2つの中庭が収まっている。ピョンも坪も中国の計測方法に由来しており、この居室一つの面積は、大人一人が横になるのに十分な広さを基準にしている。

このほか、小さなキッチンと2つのベッドルーム、書斎、浴槽とトイレのある浴室、洗面所がある。これらの居室は互いに隣り合い、

すべての間仕切り用内壁と両方の中庭に面した壁は版築でつくられている。使用した土は敷地を掘削したもの。80㎜厚の円盤状の松幹（現場で切り倒されたもの）を入れている。エントランスには木製の日除けを設置。

すべて中庭に面して設けられている。居室を繋ぐことで大きなスペースをつくることも可能だ。小さなスケールの魅力を維持するために、居室ドアを標準よりも小さくしている(840×1,200㎜と590×1,200㎜)。つまり、住人は居室に入る際に身体を屈める必要がある。

BCHOアーキテクツは自らを「光と空間の現象、再生と再利用を駆使した工法、広義のサスティナビリティを探求し、公共エネルギーの軽減を試みる事務所である」と確言している。もちろんアースハウスにおいても、素材は効率性を吟味したうえで使用された。つまりこのコンクリートボックスは、ただ単に、無味乾燥な基本に戻ることを表現しているのではない。住宅を地中に埋めることで、手軽に隠遁生活を味わうことができ、地中温度のおかげで内部の環境も安定している。地熱冷房システムと輻射暖房システムが、突き固めた土とコンクリート床の下に設置されている。これにより、構造体は実用的な熱効率を得られるというわけである。陸屋根、床板、厚いコンクリートの擁壁すべてが地中の圧力に抵抗しており、中心壁の鉄骨柱に隠れた支持材が構造プレートを強化している。

ユン・ドンジュのもっとも有名な詩の題名は「天と風、星と詩」。アースハウスは、ビョン・ス・チョーがあたかもこの言葉を具体的な姿に表現したかのようだ。

パッシブクーリングシステムと建物の周囲に埋設された地熱管によって、夏は涼しく、冬は暖かく保たれている。

美しい木目の再生パネルで仕上げた暖かい雰囲気の室内。すべての家具は廃品回収した板材でつくられた。

On the Archipelago

群島に佇む家

ホリデーハウス

HOLIDAY HOUSE

Architect: Paan Architects
Location: ヴァト／スウェーデン
Area: 42m²

非現実的な居住スペースであると、この家を退けるのは簡単かもしれない。「ホリデーハウス」は、大きなファームハウスの敷地内に、母屋以外の場所に泊まりたい来客や家族のために建てられた。しかし、この黒い小さな離れは、年間を通して居住できる設備を完備している。 あまり堅牢に見えないのは、意図的に低く設置され、景観と地形に溶け込むような暗色の外観と屈折した形状をしているためかもしれない。

「牧草地、川、庭など周囲の多様性に順応するようにデザインした」と、パーン・アーキテクツのマリア・パパフィーゴウとヨハン・アナーヘルドは言う。母屋や道路のある敷地よりも低めの立地に建っており、景観の一部となるように形状を折り返しているのだ。外壁を暗色の素材で統一して仕上げたのは、視覚的なインパクトをさらに抑えるための手段である。

外見は目立たない建物だが、内部の居心地は最大限よくなるよう配慮されている。2つの翼棟をつくることで、リビングルームの外に囲まれたプライベートなデッキができた。そこからは、遠くに見える群島と海の景色を楽しむことができる。キッチン・居間・寝室とバスルームの配置は標準的だが効率がよく、フレキシブルな生活空間のためにできる限りの余地を残した。また、壁にキッチンユニットと収納スペースを設けることで、貴重な床面積を家具で占領しないようにした。さらに、造付けのソファと２段ベッドも用意されている。

建設工事も効率的で、プレハブの木造枠組は、現場においてたった１日で組み立てられ、黒い鉄板で枠組みを覆った。スウェーデンでは伝統的に、家の外壁は赤く塗装した木を張るので、このよう

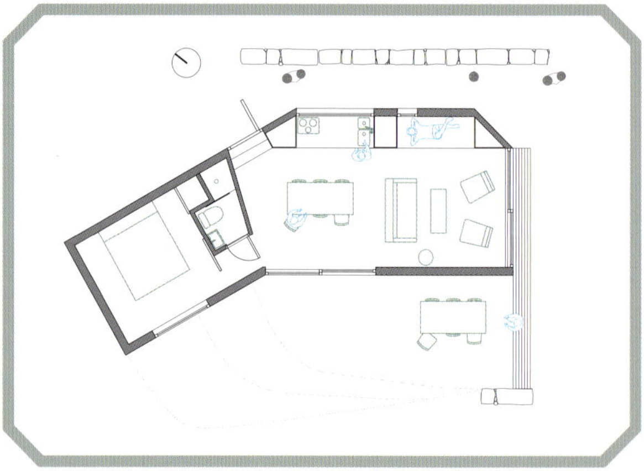

な仕上げは珍しい。通常は屋根葺き材である鉄板を用いることで、デザインの新しいアプローチを試みつつ、地域特有の建築様式に結びつけているのだという。また、用途は違うが鉄板の施工に長けた地元の建築業者のノウハウを利用した。

厚い断熱材を使用し、日光と風の方角も配慮したことで、1年を通して快適な室温が保たれる。また、暖房として薪ストーブも設置し、暖かい季節にはうまく配置された窓によって自然換気が行われる。住人たちは「夏は小さな家で十分。たいがい晴れているし、陽の長い夏の夜はアウトドアライフが充実している」と語る。しかし建築家たちは、冬にもうまく機能すると考えている。なぜなら、この家は素早く経済的に温まるからだ。

1905年築のファームハウスの敷地に建っている「ホリデーハウス」。片田舎にそっと馴染んでいると同時に、モダンさにおいて際立っている。「現代の住宅であるということは一目瞭然であるべき。それは、日常的に良質なデザインと触れ合えるということの喜びです」と、オーナーの家族は言う。パーンは、地元の歴史に対して敬意を払い、なおかつ低負荷で性能の高い家の設計に成功したのだ。

家の端に設けた引戸と大きな窓から、最大限の自然光を室内に採り入れている。収納、2段ベッド兼ソファ、キッチンユニットを壁一面に納めて、なるべく床面をフレキシブルに使えるように工夫している。

自然景観のなかにひっそりと佇むこの家は、周辺の建物より深く沈み込んでいる。縦長の屈折した形態により、視覚的インパクトを抑えている。黒く塗装された木のように見える外壁は、この地方では通常屋根葺きに用いられる鉄板である。

Off-Grid in the Outback

僻地に独立した家

バスハウス
BATH HOUSE

Architect: クレイグ・チャットマン, ARKit
Location: ヴィクトリア州コリングウッド／オーストラリア
Area: 50m² 以下

過去10年ほどでプレハブ式建築がずいぶんと普及したが、まだまだ革新の余地は残っている。そのことをクレイグ・チャットマンは、エレガントな２棟のパビリオンによって立証した。それは「バスハウス」と呼ばれる、１棟にはサウナが付いているキャビンである。チャットマン曰く「寒い夜にサウナに入った後に、暖かい部屋が自分を待っているということを知りながらデッキの向こうへダッシュする、という素晴らしい体験」を体現したものだ。これこそが、単にエネルギー効率やコスト効果だけを考えて建てられたものにはない魅力なのだ。

サウナ、デッキ、暖かいリビングスペースが50m² 以下の床面積に納まっている。２つの隣り合う立方体のような建物は、ウェスタンレッドシダーの外壁で、屋外デッキを介して左右対称に建っている。それらを「箱」と呼んでも構わないが、簡潔なデザインと抜群の快適性を備えた非常に高性能な箱である。柱の間に板を積み重ねて構成している外壁は、遠目には堅固な素材というには程遠く、繊細でやわらかな質感を醸し出している。

単純に見えるが、このプロジェクトの実現には５年間の研究を要した。チャットマンは、ロイヤルメルボルン工科大学で学んだ後、自身の事務所を設立し、プレハブ工法に関心をもつようになった。それは事業の多角化戦略の１つだったが、彼は過去数10年間に多くの建築家たちがプレハブのデザインに傾倒していた理由にも興味があった。つまり、手頃な値段、サスティナビリティの達成などである。チャットマンが最終的に選んで生産したパネルシステムは、開発に非常に長い月日を費やした。「初期のリサーチで気がついたのは、

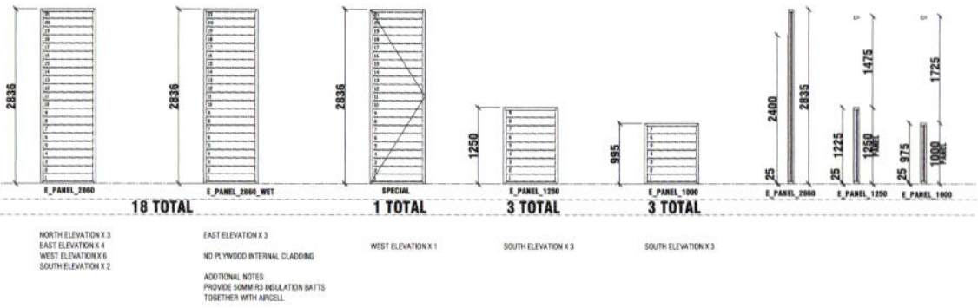

PANEL SCHEDULE

デッキはグランピアンズ国立公園など遠くを眺めるのに好都合である。また周辺の野生動物を観察する展望台としても機能する。

壁は熱処理済みのウエスタンレッドシダーの木造枠パネルでつくられている。内壁はプレミア級の合板仕上げ。

驚いたことに（少なくともオーストラリアでは）誰も、パネル化したファサード／外壁システムのデザインに取り組んでいない、ということだった」と彼は言う。パネルは工業規格サイズにこだわり、建築家の監理のもと１つの工場で生産することで、非常に効率的に生産することができた。それと同時に、廃棄物を最小限にし、一体的なデザインとコストダウンを実現した。

パネル生産を成功させたチャットマンは、省エネに関する研究を開始した。パネルは家にとって高性能な外皮をつくるが、さらに環境を考慮し、クオリティを維持しながら順応性のある住宅をつくることを考えた。太陽エネルギー、バイオマス、木を使うことと、雨水収集と中水の再利用を組み合わせたエネルギー消費／生産、通称「寄せ集め」の法則を生み出したのだ。公共のエネルギー供給に接続することもでき、孤立した環境においては自立型供給も可能である。機能の選択は自由に、さまざまに組み合わせられるようになっている。

デザインも柔軟性をもつ。デッキでつながった２棟からなるこの家は、ありふれた言葉で「インドア・アウトドア・リビング」と捉えられるが、実際は逆である。伝統的な建築形式に対して、地元の一般的な住宅に見られるベランダをわざと取り去ったのだ。彼の目的は、地平線越しに見たときに「建物と景観が穏やかに調和している」と感じさせることだった。建物の内部に迎え入れられた時、驚嘆するしかない大自然に囲まれたデッキ上に立った時、人はこれ以上素晴らしい体験はないと感じることだろう。

4

BIG IDEAS FOR LOW ENERGY

低エネルギーのための大きなアイデア

PACO 3M3 -- P.138 ／ BOXHOME -- P.142 ／ SILO HOUSE -- P.147
SOLAR HOUSE I -- P.152 ／ LUMENHAUS -- P.156 ／ IKAROS HOUSE -- P.160
NAPEVOMO -- P.164 ／ FABLAB HOUSE -- P.168 ／ SMARTBOX -- P.174

環境に対する義務感がますます浸透している昨今、少なくとも新築住宅に関しては、エネルギーを意識した何かしらの方策が盛り込まれている。しかし、原料と技術が揃っている西側諸国の高効率の新築住宅でさえ、まだグローバルな水準からはほど遠い。

この章で紹介するプロジェクトは、より有効なエネルギーの利用と保存の達成方法を、極めて明確に示している。特にソーラーデカスロン部門のいくつかのプロジェクトは、建築および工学のバックグラウンドをもつ大規模なチームが、コンペに挑んでデザインしたものである。彼らのプロポーザルは非常に現実的であり、意思さえあれば一般社会で普及させることが可能なはずだ。

それらのプロジェクトは、エネルギー効率のを上げる必要にせまられてのことというよりも、むしろ挑戦することによって達成された。最良の極小建築に共通することだが、小さく建てるという決断が、材料や形態、採光における革新を生み出している。そして、省エネルギー主義に徹することが、あらゆる面で創造的なアプローチに駆り立てる。なぜなら、省エネルギーのみならず、価格における確実な差異を生むためには、各機能が注意深く考慮されなければならないからだ。もちろん単純に、物事を改善したいという動機も含まれている。新しい方法が一旦取り入れられると、旧式のモデルを改善しようとする機動力は簡単には止まらない。

少なくともそれは、以下に挙げるプロジェクトのすべてに当てはまる。ノルウェーの建築家、サミ・リンタラは、冬期における大きな家の暖房問題を軸として、寒い地域に暮らす人々が抱く空間の必要性に対して訴えかけている。彼の「ボックスホーム」（→P.142）では、西洋社会における過剰性の文化を見直し、都会の洞窟のような平和で小さな家をつくろうとしている。スキーマ建築計画の「パコ3M3」（→P.138）も、縮小化に関する類似した作品だ。すべての必需機能が3立法平方メートルの白い箱に納まり、芸術性と創意工夫を打ち出している。いずれも、基本的にエネルギーの利用を第一に考慮した住宅である。

このほかのプロジェクトは、2009年のソーラーデカスロンコンペティションと、2010年のヨーロッパで初の同コンペにおける作品の一部である。このコンペに提出される大学チームのデザインは、年々、より洗練された高品質な住宅になっている。それらは単に、小さなスケールにおける高い機能性だけでなく、エネルギーの生産と保存に対する非常に革新的な解決策を打ち出している。コーネル大学の「サイロハウス」（→P.147）とオハイオ州立大学の「ソーラーハウス」（→P.152）では、その土地固有の建築も参考にしつつ、エネルギー効率のよいさまざまな戦略をもたらしている。

2010年にマドリッドで行われたソーラーデカスロンからは5つの例を紹介する。これらは、さらにサスティナブルでハイクオリティな住宅研究に対して、斬新で魅力的なアイデアを生み出した。アメリカ、ドイツ、フランス、スペインからの応募作品では、画期的な技術と革新的なデザインを組み合わせている。これらのソーラーハウスでは、より環境にやさしく快適で贅沢ですらあるライフスタイルを、より多くの人々に手頃な価格で提供できることを実証している。

Lifting the Lid

蓋を開けてみると

パコ 3M3

PACO 3M3

Architect: 長坂常, スキーマ建築計画
Location: 東京／日本
Area: 3m²

白い箱型の住宅は今までも数多くつくられたが、「パコ3M3」のように、さまざまな解答を備えたこのような破天荒なモデルは存在しない。極小で、持ち運びや組立てが可能、そして空間の縮小によってエネルギーの消費を削減するばかりでなく、要求をも軽減する家だ。小さな建物のなかでも、より多くの項目を満たした住宅といえる。

長坂常とスキーマ建築計画によりデザインされた、多くの驚きが詰まったこの小さな箱は、内部に固定することができるさまざまな機能が床面に隠されているだけでなく、一部をカスタマイズすることも可能だ。この白いキューブは、ほぼ白紙状態であり、出発点でもある。そこには優れた小さな家のデザインに共通する創造性だけでなく、改善や個人的な要素を追加してマイホームを築く余地があるのだ。

真っ白な箱のパコ3M3は、一見とっつきにくい外観であるが、すぐに打ち解けてくれる。そして、光と空気を採り込むために屋根が持ち上がる。それにより天窓が傾き、内部の輪郭が改めてはっきりする。唯一の家具は自立したシンクユニットだが、小さなテーブルやシャワーブースなど、いろいろな機能が床下から飛び出す。傘を裏返したような白いシャワーカーテンは、便利なことに壁にぶら下げて収納できる。同じくトイレも床下に納まっている。

蓋（天井）を開けると、ハンモックを屋根から吊り下げ、外を眺めながら寛ぐこともできる。住宅ユニットの土台部分には、隔離された小さな寝室があり、屋外の小さなドアから入る。快適でありながら、結果として機能的な空間である。うまく設計されたパコ3M3のインテリアは、まるで小綺麗に包まれたギフトのようだ。

スキーマ建築計画は比較的若い事務所であるが、インテリアデザインを含む多くのプロジェクトを手掛けてきた。カフェからギャラリー、個人住宅、教会のインテリアといった数々の作品において、彼らはそれを単にミニマムな状態に削ぎ落とすだけでなく、素材に対するセンスで表現している。つまり、伝統的なミニマリストの趣きのみならず、このプロジェクトモデルで明らかなように、素材（粗いコンクリートと磨き上げたコンクリート、天然木と塗装された木、変化に富んだガラスなど）に対するセンスを併せ持っているのだ。

パコ3M3は、独立した移動可能住宅としてデザインされた。建築家たち曰く「これは、完全に新しいライフスタイルを想定したもの」である。そのビジョンは多くの人にとって少々極端かもしれないが、このプロジェクトでは、少なくとも建築的には「削減」という言葉に対する新しい意味を見出している。建築家たちはこの家にさまざまな用途を見込んでいる。彼らの説明によると「ハウス＋パコ」、「ファクトリー＋パコ」、「海＋パコ」というようにだ。コンセプトは、目的地に一緒に持って行き、到着先では最小限のエネルギーと設備供給を要する家、である。このアイデアには、一戸建て住宅の占有面積の削減と、必要性を超えた生活の認識に影響をもたらす、大きなポテンシャルが潜んでいる。

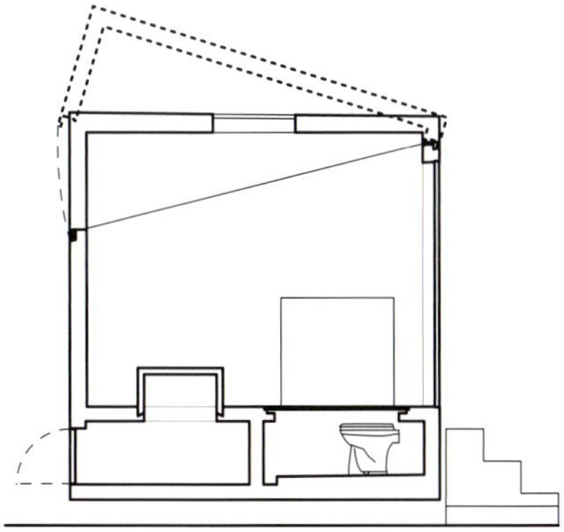

屋根を持ち上げて内部に日光を取り入れ、空間に広がりを与える。トイレとテーブルは床下に納まっており、パネルを取り除いて使うことができる。寝室も床下に設けられている。

In the Box

都会の洞窟

ボックスホーム

BOXHOME

Architect: Rintala Eggertsson Architects
Location: オスロ／ノルウェー
Area: 19m²

ノルウェーの建築家、サミ・リンタラは、1999年の「Land (e) scape」プロジェクトにおいてその名をあげた。それは10mの高さの支柱に3棟の納屋をのせ、街にそれらを持ち込むことで、小規模な個人農場が喪失の危機にあることを知らしめたプロジェクトだった。また、2000年のベネチアビエンナーレでは「Sixty-Minute Man」をつくった。これは貨物船に庭をつくり、そこの木々が人間が60分間に出す廃棄物で生長できると示したものだ。またリンタラは、教員として「トゥイン・テイネストトウェ」（→P.198）に加わっている。彼らは、世界中の紛争や自然災害、窮困の地域に対して、基本的なシェルターと設備を供給する計画を目的としたグループだ。彼は、純粋な素材使いと簡潔な形態によって、自然体で洗練され、かつ高効率な建築を設計し続けている。その彼の見解では、小さな家は道理に適うという。それは、最小限の資源しか必要とせずに基本的なニーズを満たすからだ。

そこで、美しく温かみのある木をベースとしたインテリアに基本機能が納まった、ピュアで直線的な立体「ボックスホーム」をつくった。このプロジェクトを通して、増え続ける「より大きな家への要求」に対抗しようとしたのである。少なくとも、スカンジナビアにおけるすべての大邸宅は、年の半分以上の期間、暖房を必要とするためだ。そして、その要求の増加がさらにセカンドハウスをも求めるということに対して異議を唱えている。

リンタラは、エネルギーを意識したそれほど贅沢でないライフスタイルへの回帰を提案している。なぜなら、資源自体が贅沢の一種だからだ。「ボックスホームでは、空間、素材、自然光のクオリティに焦点を当て、不要な床面積を縮小することを試みた」と彼は説明する。結果として、この住宅はオスロ市街の同じくらいの大きさのアパートに比べ、約4分の1のコストしかかかっていない。

しかし、たとえこの建物が最小空間を代表しているとしても、それを規範にすることが目的ではない。家族用にモジュールを拡大・増加したり、原型のままで仕事場として使うこともできるプロトタイプとしてつくったのだ。リンタラの主張によると、シンプルな家をつくることは難しい課題ではない。また、デベロッパーや市場の力に任せるべきでもない。ボックスホームは、十分なシンプルさを示してはいるが、単純なシェルターよりも洗練されている。バルーンフレーム工法に標準パイン材を用い、そのほかの材料も厳選されている。内壁と床にはスギ、キッチンはバーチ、浴室にはスプルース、リビングルームにはレッドオーク、寝室にはウォルナットの材を使用している。ファサードのアルミ製パネルが水平垂直の窓パネルの周りでずれることで、立方体の外観に変化とダイナミックな印象を与え、内部には光と影の変化を生み出す。設備関係は1階に納められ、梯子を登るとプラットフォーム式のリビングルームがあり、少し上部には下階に光を送り込む天窓の付いた寝室がある。

西洋社会では、消費主義社会の結末に完全に気づきながらも、人類始まって以来最高レベルの生活水準を謳歌している、とリンタラは断言する。つまり、環境に対する影響を知り、軽減させることは容易であり、それは義務なのだ。ボックスホームは、その義務が別段わずらわしいことではなく、むしろ思いのほか素晴らしいことであるかのように感じさせてくれる。

目的は都会の洞窟のような
平穏で小さな家をつくること。
それは、好きな時に籠り、しばらくの間、
周囲の都会の喧噪を忘れることができる場所。

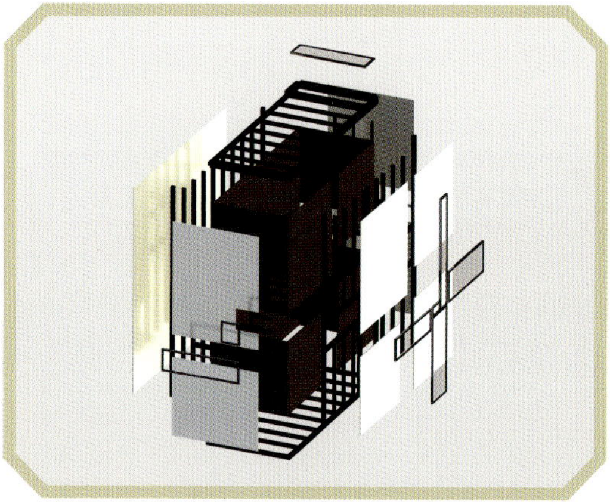

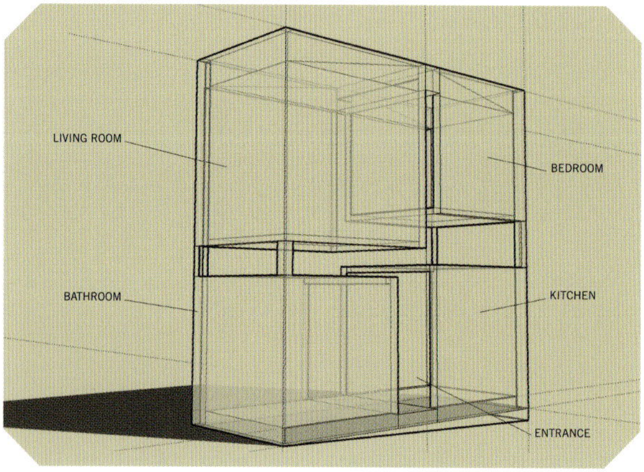

リンタラ曰く「アルミニウムは“都会的な上着”のようなもの」。一方、内部は非常に普遍的につくられている。

4つの居室に異なる木を使用している。キッチンには熱処理をしたバーチ、リビングルームの棚とプラットフォームにはオーク、浴室にはフィンランドのサウナによく使われるスプルースを使用。この住宅の部材はコンテナ2台で輸送され、現地で組み立てられた。

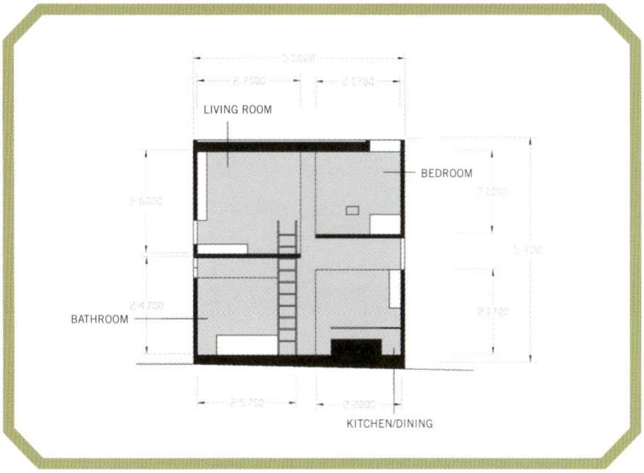

SOLAR DECATHLON COMPETITION

ソーラーデカスロンコンペティション

優れた小住宅モデルを挙げるとしたら、ソーラーデカスロンコンペティションから誕生したプロジェクトでほとんど埋まってしまうだろう。2002年にアメリカのエネルギー省がスポンサーとなって始まったこのコンペの公式の目的は「コストパフォーマンスとエネルギー効率のよい太陽熱を利用した魅力的な住宅のデザイン、施工、監理に挑戦する20の大学チームのための競技。最優秀賞は、①経済性、②消費者へのアピール、③優れたデザインの3つが、最適なエネルギー生産と最大効率化と融合した最も素晴らしい作品に与えられる」とされている。「デカスロン（10種競技）」という名前は、プロジェクトが「建築」「イノベーション」「サスティナビリティ」「技術」など10種の異なるカテゴリーで評価されることに由来している。コンペの最終週には、提案住宅をワシントンD.C.のナショナル・モールに実際に造り、一般公開される。審査員は全応募案を1つの敷地内で比較できるのだ。

2010年、マドリッドで初のソーラーデカスロンヨーロッパが開催された。応募作品は、気温が40℃以上に達する直射日光の当たる場所に建てられたが、住宅内部は涼しさと快適性を保持した。すべての住宅は10日以上に及ぶコンペ期間内に、消費した分の約3倍近くのエネルギーを生産した。長年にわたり、ソーラーデカスロンは国際的に重要なコンペとなり、年を追うごとに形態や実質的なプログラムが洗練されて、競合するデザインのレベルもより高くなっていった。

ここで紹介する2009年度と2010年度の応募作品は、スタイルとアプローチにおいては異なるが、いずれもエネルギー効果に対してホリスティックなまでのアプローチをとり、低コストで低エネルギーな材料を使用している。同時に複雑な一体型コンピュータシステムを導入し、モニターでエネルギーの消費と生産を監視している。

Solar Spaces

太陽とともにある家

サイロハウス

SILO HOUSE

Architect: コーネル大学
Location: ソーラーデカスロン2009／アメリカ
Area: 47m²

クリストファー・ワーナーはソーラーデカスロン2009年のコーネル大学によるプロジェクトのリードデザイナーだった。彼のチームが提案した「サイロハウス」はコンペ作品のなかで、もっとも象徴的で並外れた作品だ。

アメリカ中西部の穀物貯蔵「サイロ」の建材と形態を利用し、3つのサイロ形住宅に個別の機能を与える計画を提案した。ワーナーは、単にコンペのために作品をデザインするだけでなく「環境にやさしい建物でも創造的なデザインは可能だということを実証する」ことが目的だったと語っている。

3つのシリンダー形からなるこの住宅は、それぞれが寝室、ダイニング、リビングスペースとなっているが、どのエリアも複合的な機能をもち、空間の有効利用が可能だ。アイランドキッチンにはエネルギー効率のよいIHクッキングヒーターと冷蔵庫、洗浄機、対流式オーブン、そしてダイニングテーブルと収納スペースが備わっている。また、寝室の横には浴室が並んでいる。天井に埋め込まれた収納に、平衡滑車システムでベッドを引き上げることが可能。非常に考慮されたアメニティの配置が想像以上の空間を確保している。また3つの「部屋」が長方形の中庭デッキに面している点も、空間の広がりに一役買っている。折りたたみ式ウィンドウウォールシステムによって、すべての空間を互い同士、そしてオープンデッキの動線エリアに向かっても開放する（または閉鎖する）ことが可能だ。

コールテンの波形鋼板の外皮は、ニューヨーク州北部のローカルな田舎の建築の工業的かつ農産業的な美しさを表現するだけでなく、エネルギー保存の役割も果たしている。鋼板の外壁から得ら

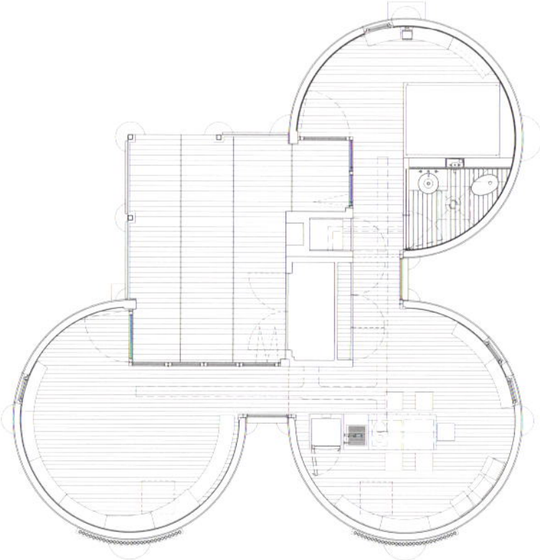

リビングルームの2脚のイスは、ウイスキー樽を再利用してつくったもの。持続可能に植林された地元産のクロアカシア、トリネコ、ブナといった硬木をインテリアに使用。またガス放出ゼロの仕上材を家全体に使っている。平面図を見ると、3つの円形の部屋が屋根付きのデッキ部分を囲んでいるのが分かる。

れた太陽熱は、水を前もって温める「外皮融合ソーラー加熱システム」を通って保存される。実際は鋼板によって蓄えられた熱が、外壁材の後ろの導管を通っている水に移動する。温められた水はさらに主要な熱源である温水タンクを通して加熱される。このタンクの中の60本の真空密閉ガラス管が、不凍液を加熱し、熱を熱交換器に送る。各シリンダーの開閉可能な天窓は換気を行い、また光電池シートのキャノピーの下に自然光を拡散させる。

電気はサイロとポーチ上に浮かぶシートによって供給される。この40枚のパネルは雨水を流し落とすためわずかに傾斜しており、秋晴れの日には38kw／hのエネルギーを生産。エネルギーの消費と生産を監視するための「スマートディストリビューションパネル」が、インターネットに接続された回路ブレーカーに組み込まれており、住宅の電気回路を24時間監視している。必要に応じて回路のスイッチをON-OFFするソフトウェアが、さらに消費量を削減する。

エネルギーに関心のある多くの人にとってさえ、自分の消費したエネルギーを追跡し、さらに効率的な方法を見出すことは困難である。この住宅のエネルギー効率機能のなかで最も効果的なのは、作業や、当然のように利用しているアメニティに使われる日々のエネルギー消費情報へ即座にアクセスできることだろう。この素朴な穀物貯蔵サイロを、これほどデザイン性が高く、洗練された建物にまで進化させたことが、このプロジェクトの遠大だが庶民的な目標を物語っている。

Ohio in the Sun

日のあたるオハイオ

ソーラーハウス I

SOLAR HOUSE I

Architect: オハイオ州立大学
Location: ソーラーデカスロン2009／アメリカ
Area: 50.2m²

ソーラーデカスロンの入選チームに見られる最も顕著な点は、各応募作品における草案、デザイン、建設にわたる共同作業量だろう。初めてこのコンペに参加したオハイオ州立大学のチームには60名をくだらない学生と教員が参加したため、このプロジェクトでは省エネ型住宅だけでなく、コーディネート力とコミュニケーションも培われた。ローカルな要素を反映するべきだと考えたチームは、「中西部アメリカの暮らしに再度取り組む」ことにした。このことは、特定の気候に見合った住宅機能に着目した最初の重要な一歩であった。しかしさらに重要なのは、より大きな建築面積の住宅とエネルギー消費を望む風潮に挑んだことだろう。

コンパクトな暮らしを達成するための最初のツーステップは、住宅全体の建築面積を縮小することと、間取りの柔軟性を高めることだった。2名で使用するようにデザインされた「ソーラーハウス I」は、建物の縁の隠れた収納に家具をしまい込むことで、8名までもてなすことができる。理論的根拠は非常に単純であるが、その真の功績は、この魅力的で高機能な小住宅の完成度にある。デザインにおける3つめのステップは、壁埋込み型省エネルギー装置だ。これは日除けとエネルギー供給を行いながら、高性能加熱層と換気システムを作り出す。

アルミ枠にはめ込まれたルーバーでドアは回転するので、光と熱を調整しながらさまざまな位置で開閉できる。暑い日には、西側壁面の反射池が空気を冷やし、それが低位置の換気口から送り込まれ、室内気温を下げる。20㎝の空気層の裏に、ポリカーボネートを接着したガラスパネルを積層したトロンブ熱壁があり、壁内部では水

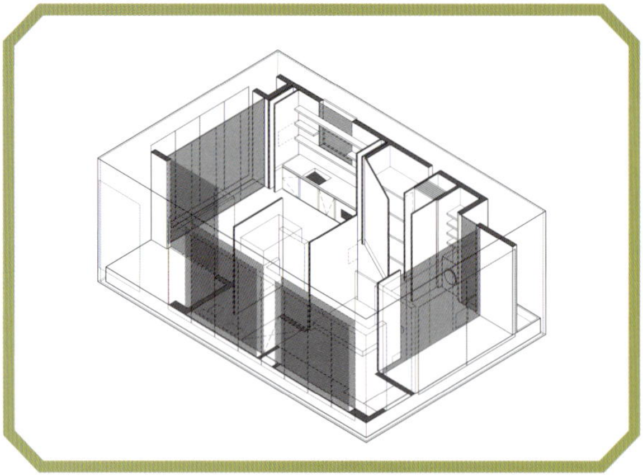

で満たされたアクリルチューブが床から天井まで通り、日中の太陽熱を吸収、夜間にそれを住宅内部に放つ。南壁面と屋根に設置された真空管システムは、家庭用水と輻射暖房に使用する水を加熱する。

　この住宅の最も顕著な特徴は、古い納屋の風化したサイディングボードだ。自然に銀色化した木板が、この最先端の技術を駆使した住宅とローカルな建築を強く結びつけ、小さくより効率的に暮らすことが風変わりなコンセプトなどではなく、実は身近なものであることを示唆している。

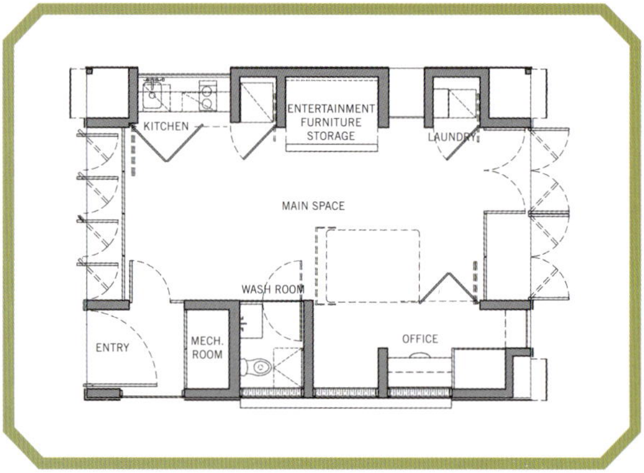

(P.153) トロンブ壁はアクリルチューブ全体をポリカーボネートプレートに埋めたもの。このチューブは日中の太陽熱を吸収し、夜間に内部に放出する。ルーバーは1年を通して太陽熱の収集を調節する。

デッキ上で回転するドアもまた、開放的なプランをもつ内部の光と熱を調節する。外壁は地元の不要になった納屋から再利用したもの。

The Lights are on

キラキラと輝く家

ルーメンハウス

LUMENHAUS

Architect: バージニア工科大学
Location: ソーラーデカスロン・ヨーロッパ 2010／スペイン
Area: 62m²

「建物におけるエネルギー問題への最良の取り組み方は、最小限の消費に抑えること」とルーメンハウスを造ったバージニア工科大学のデザイナーたちは考える。このチームは17の国際的な研究大学を相手に、2010年マドリッドで開催されたコンペで最優秀賞を獲得。彼らは最先端技術の利用と快適でモダンなデザインによって、エネルギー効率に対する大胆で意欲的なモデルを提案した。「反応する建築」というコンセプトを取り入れたこの住宅は、エネルギーの自給が可能だ。高度な能力を最大限活用しながら快適な居住環境をつくり、また変化する気象状況にも絶えず順応する。

周囲のデッキと2つの反射池によって生活空間が屋外へ広がる、シンプルかつ直線的形態のルーメンハウスは、よくデザインされたモダンな住宅のすべての特質を併せ持っている。しかしそれは目に見える以上のものをも兼ね備えている。高品質な断熱材、高性能なユニット、ソーラ―パネルと中央管理式システムすべてが、コンパクトな住環境での効率的なエネルギー利用に役立っている。

サスティナブルな生活のためのこのプログラムの最も印象的な特徴は、壁の一番外側の層を形成するスライド式スクリーンだ。伝統的なアラブの住宅に見られるマシュラビヤ（格子窓）にヒントを得たこのスクリーンは、ディスク形に切り抜かれたステンレススチールでできている。これらは「エクリプシス」システムと呼ばれ、太陽光を遮断するほか、さまざまな機能を果たすプログラムを構成するものである。9,000枚のディスクのそれぞれの回転はグラスホッパーソフトウェアで決定される。このソフトは太陽の角および住宅の異なる場所による可視度を計算するために開発された。スクリーンが閉まっている場合、これらの度合いは慎重に減衰される。

建築家であり大学教員でもあるロバート・デュネイの説明によると、「床から上に向かってディスクの回転が増すので、上にいくほど明るくなる」。露出量も家の中の場所によって変わってくる。「ダイニングエリアに立つと明瞭な視界が得られない。しかしテーブルに着席した時の頭の高さからはよく見える」とデュネイは付け加える。さらに、スクリーンは閉まっている場合でも通風が可能で、同時にセキュリティも確保できる。閉まったスクリーンがつくり出す自然光と影の美しいパターンは葉が生い茂る木の下に座るような感覚にさせる。インテリアの全体的な雰囲気にとって最も重要な要素かもしれない。

多機能な外部スクリーン以外にも、さらに賢いデザインと技術が層を成している。効率的な断熱層をつくるアエロゲルとポリカーボネート製のスライド式パネルが住宅を密閉しつつ、かすかな自然光を通す。また、内部のコンクリート床はパッシブヒートを収集し、放射する。その下には輻射式温水暖房チューブを用いた循環システムが敷設されている。屋根には傾斜ソーラ―パネルと、日光を反射させる白い膜をその裏に設置。この膜によってエネルギー効率が10%から30%に上がる。すべてのシステムは外に設置された「測候所」から情報を得る。センサーが細い柱に取り付けられており、気温と気圧に関する情報がiPadで管理できる住宅の中央コンピュータシステムに伝達され、家全体のエネルギー消費を監視するというわけだ。

「測候所はわれわれのコンセプト『反応する建築』の中心である。建物全体にセンサーから情報が伝達されると、スクリーンと断熱パネルが開閉しながらエネルギー消費と快適性を最適化する」とチー

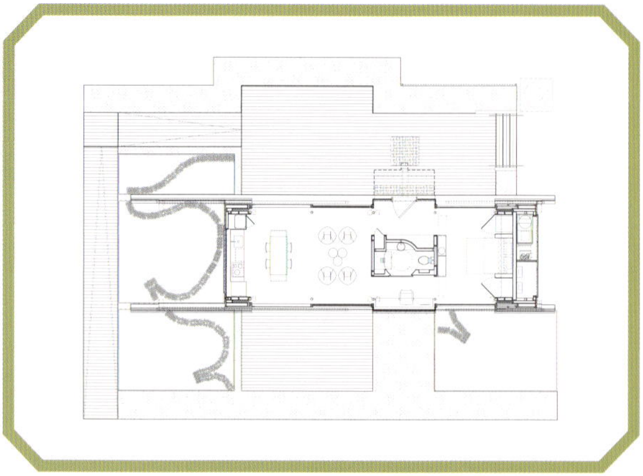

ムの一人、ジョセフ・ウィーラーが説明する。もちろんシステムを使用せず、手動での開閉も可能だ。つまり住み手の好みに応じて採光と換気を調節できる。

気象条件やエネルギー消費を常に気にしているとエコノイローゼになりそうだが、効率性がデザインに組み込まれたシステムにすべて任せておけるというコンセプトは、そんなストレスから解放してくれる。木を基調とした快適でモダンなインテリアやオープンデッキまで広がるリビングルーム、新鮮で自由な空気。地球を犠牲にしていないという認識があるからこそ、これらを贅沢に楽しむことができるのだ。

住宅内に冷気を送り込む周囲の池はデザインに不可欠である。またスクリーンが閉まっている状態でも十分な自然光が室内に差し込む。

キッチンと寝室は住宅の各両端に配置。中央のコアは浴室。ソファベッド、食器棚、テーブルなどのビルトイン式収納家具が、フレキシビルなデザインのポイント。

Well Hinged

器用に開閉する家

イカロスハウス

IKAROS HOUSE

Architect: ローゼンハイム大学
Location: ソーラーデカスロン・ヨーロッパ 2010／スペイン
Area: 60m²

ルーメンハウス（P.156）が最優秀賞に輝いたソーラーデカスロンヨーロッパ 2010で、「イカロスハウス」はわずか１ポイント差で２位の座にとどまった。しかしその小さなスコア差は、点数の近い作品に対する評価というより、コンペのレベルの高さを表している。イカロスもまたよく似た可動式スチールスクリーンシステムを取り入れている。それは何百個もの蝶番式「ジグザグ」プレートでつくられており、大きな窓面を上下すると開いたりつぶれたりする。大きな木製デッキの上に配置された質感のある長方形のこの住宅は、対角線上に位置する両角が切り取られており、正面は屋根付きの玄関、反対側はプライベートなラウンジエリアとなっている。クールでシックな内部には、最新の省エネルギー装置と最高級の設備が整っている。

多機能性は最良のデザインにとって必要不可欠だ。ここでは、背の高い食器棚をリビングルームに引っ張り出すと、その裏にベッド用のスペースが生まれる。キッチンカウンターをスライドさせると調理台が現れる。また伸縮可能なダイニングテーブルの場所確保のために、フラットスクリーンのテレビは凹みに収納可能。少材料のみを必要とする細形鋼構造は、特別な木鋼接着剤の使用によって室内に壁面を増やし、真空断熱パネルの使用を可能にした。高断熱構造なので、ローゼンハイムのような寒冷地でも、従来の建物に比べて暖房コストを非常に低く抑えられる。変化するジグザグスクリーンの背後の大きな窓が、ミニマルな内部空間を広々と感じさせる。建物の外殻の高効率利用と優れた熱効率の三重ガラスのおかげで、非効率な熱損失には至らない。スクリーンを開けると、冬の太陽光

からでさえ熱を供給できるほどダイレクトゲインの効率が高い。

暑い日における住宅の冷却は、二面的なアプローチによって実現した。まず相変移材料（PCM：気温によって液体と固体の間を変化する素材）が、その変化を通じて熱の吸収・備蓄をする潜熱蓄電池に使用された。次に夜間の空気にさらされる屋根構造に設置された循環水が、日中、住宅を冷却するシステムのひとつとして適用。これらの受動的手段に加え、必要に応じて（家全体の電気は屋上ソーラーパネルから供給されている）圧縮ヒートポンプの利用が可能。これらの技術的革新にもかかわらず（もしくはそのおかげで）、この住宅は非常にモダンな魅力をもっている。

広さを最小限に抑えた内部は、変化する寝室やゲスト用の引出し式ベッドも備え、柔軟性に富んでいる。これは学生寮の間に合わせ的な雰囲気を醸し出しているが、この住宅の高性能な機能やそのエレガントなデザインとエネルギーの有効利用などはすべて、長期生活と環境に対しはるか分別のある姿勢を示している。

この意欲的なデザイナーたちとエンジニアたちのチームによれば、イカロスハウスはその消費量の4倍ものエネルギーを生産するという。加熱・冷却に優れた外壁によって、標準住宅に比べ年間14,000kgのCO_2排出の削減を実現。これは平均的な（ヨーロッパ）の自動車で160,934kmを走行した際に排出されるCO_2と同じ量である。賞が渡される前でさえ、この家のなかにいるだけで祝賀ムードに包まれたことが、その革新的で思慮深いデザインに対する賛辞である。

蝶番のスチールプレートがスクリーンを形成する。上げることで日影をつくったり、降ろすことでよりたくさんの太陽光を取り入れる。水槽に収集された雨水は、冷却のため夜間屋根全体に撒かれる。

デザインは4つのモジュールで構成される：1. エントランス・寝室・書斎、2. 廊下、3. キッチン、浴室、4. リビングルーム・テラス。可動式収納ユニット（左参照）はリビングルームにさらに引っ張り出すことが可能。そうすることで反対側に寝室空間ができる。

A Sunny Disposition

陽気な家

ネープヴォーモ

NAPEVOMO

Architect: Arts et Métiers ParisTech, Bordeaux
Location: ソーラーデカスロン・ヨーロッパ 2010／スペイン
Area: 50m²

サスティナビリティで1位、エンジニアリングで2位、そしてイノベーションで2位。 アール・エ・メティエ・パリテクの応募作品のタイトルは、アメリカ先住民のシャイアン語で「お元気ですか？」という挨拶を意味し、彼らの自給自足と低環境負荷の生活を彷彿とさせる。デザインは「自然とのつながりを通して得る幸福」を育む目的にあることを反映しているのだが、特別にデザインされた特殊な曲線形の太陽熱集光器が非常に目立つ。セダムで緑化された屋上に置かれたこのテクノロジーの物体は、ボルドーのある会社との共同開発によるもので、このプロジェクトで初めて使用された。

このメカニズムはハイブリッドな集光器で、光電池パネルと加熱装置を通してエネルギーを生産する。パラボラ反射鏡を経て、太陽の放射熱が家庭用の電気を供給するパネルに集められる。集約されたエネルギーのため、このプロセスではパネルが非常に高温になる。その冷却のため、冷水が光電池セルの裏で循環している。これは エネルギー効率向上に対する新しいソリューションが充実した住宅における賢明な組み合わせといえる。

最大限の太陽熱獲得のため、異なる外観が各方角に合わせてデザインされた。たとえば北面のファサードはよりソリッドで、厳しい環境から身を守るが、南壁はダイレクトゲインのためより開放的といった具合に。日中蓄熱した高密度の粘土床が、夜間に居室を暖める。製材工場の廃棄物の木繊維と再生新聞紙のセルロースウォッディングの混合材による高性能断熱材が、夏期には熱の進入を、冬期には室内の暖かさの流出を遅らせる。床に埋設されたアルミ管の中のPCMは液体から固体に変化しながら蓄熱し、再び溶けると熱を放出する。

高気密な外壁の場合、換気は重要である。ここでは4面の窓が通風と自然光を確保する。デザイナーたちは熱帯気候における太陽熱獲得を留意しなければならなかったので、窓の大きさと位置は太陽軌道によって決定された。壁にも層状に特別加工された「通気性のある素材」を使用。気密なフィット性が熱損失を制限し、内部の空気バランスを保ちながら外部への水蒸気の移動を促進する。また地元産のマリタイムパインの使用によって、素材によるエネルギー負荷も最小限に抑えた。落ち着いた木を使った室内は、全体的な美しさにとって重要な、温かみのある健康的な雰囲気を醸し出している。また比較的ローコストなデザイン、プレファブモジュール式構造によって使用目的に対応可能であることや、信頼できる素朴な建設材料の利用も重要な点である。

しかし機能とエコロジーがこのデザインのすべてではない。太陽光の獲得を助けるなだらかな屋根の傾斜は形態に活気を与え、こぎれいなサイディング（外壁）はこの家に快適でモダンな印象を与える。弧形の太陽集光器も含め、これらの要素は、エネルギーの低需要とハイテクをうまく融合したデザインを特徴づけている。受賞は別として、このようにエネルギー、コスト効率のよいプログラムをもつネープヴォーモは、公営住宅に適用しやすいとチームは主張する。そして人種や環境を越えて、グッドデザインの恩恵を広めようとしている。

われわれは建築家ではなく、
エンジニアであり、
サスティナビリティに対する
最良のデザインとシステムを
生み出そうとした。

層状壁構造は室内の湿気を軽減するために屋外へ水蒸気を排出する役割を果たす。材料が「呼吸」するので、水蒸気障壁が不要。また新たな換気の追加を削減できる。

使用された木材はボルドーの同校近くの森で伐採されたもの。外壁は特殊処理を経て製作された。薄板の節を取り去り、長く頑丈な板をつくるため端部分はプレス加工されている。塗料はすべて環境にやさしいものを使用。西面と北面には暗めの、南側と東側には明るめの木を張っている。

Fabulous

今にも動き出しそうな家

ファブラボハウス

FABLAB HOUSE

Architect: IAAC with the MIT Center for Bits and Atoms
Location: ソーラーデカスロン・ヨーロッパ 2010／スペイン
Area: 59m²+デッキスペース

この住宅はまるで、巨大な木から落ちたか、熱帯域の地面から這い上がってきたかのように見える。ただし、その形状に捕らわれすぎると、大事な点を見逃してしまう。この住宅をつくった学生と教授からなるチームによると、これは「太陽の動きを適切に追尾し、夏期に最適な角度を得るため、適切な箇所で歪めて設置したパラボロイドの断面（西寄り、東に拡大、70°の天頂に対して平坦）」である。簡単にいえば、「ファブラボハウス」の趣旨は、コンパクトで熱効率の優れたローコストの住宅にできる限り多くの太陽エネルギーと生活空間を確保することだ。これは「フォルムはエネルギーについてくる」といったアプローチの1つで、チームは「この住宅はもはや機械ではなく、人の住む生物体である」と考える。

「ファブラボ」は「ファブリケーションラボラトリーズ」の略で、バルセロナのIAACに本拠を置く。このプロジェクトの担当部門は、世界各地に拠点をもつMITのセンター・フォー・ビッツ・アンド・アトムズが設立。チームは最新型のデジタル機械を用いて、建築、構造、インダストリアルデザインのプロトタイプおよび実大モデルを造る。また、デジタル指示に従って材料加工処理をするため、デザインから（コンピュータを通じて）機械まで直結を必要とするプロジェクトを専門としている。

この仕組みによって建てられたファブラボハウスは、すべてデジタル指定でCNC技術を使って切られた木製パーツからなるプレハブ式住宅。1枚の単板積層材から切り取られた全構造部材を、20のパーツに組み立て、設置場所まで運搬した。このような高度な技術のコンピュータ制御プロセスによる有機的な構造体の実現は、過去数十年間にモジュール建築物が均一なものから個々のカスタマイズへ転換したことを強調している。ここではエネルギーの最大獲得と有効活用のカスタマイズを目指している。またこの住宅と太陽熱との関係および住宅自体が炭素吸収体であることをふまえて、建物の主要材料として木材を選択。鉄骨もしくはコンクリートに比べ、木造は「コンパクトで軽量、そのうえ扱いやすい構造用部材と部品で建てられる」とチームは指摘する。

木造枠組構造を5mmの合板のシェル型で覆ったこの建物は甲羅を被っているように見える。このパネルは非常に柔軟なため、木目に沿って曲げてもひび割れすることなく、湾曲部に設置が可能。それから防雨用ニスを塗装している。上部（屋根）構造を覆う薄い「シート」状のソーラーパネルは、このプロジェクトのために特別に開発された。この薄くて柔軟なシートと湾曲した外壁が、角度と位置の変化する太陽光をうまく吸収する。

この住宅はマドリッドの暑い夏に適したデザインで、日影のある屋外スペースと植物の置き場所にこだわった。3つの脚部が建物を持ち上げることで、寛いだり屋外での食事を楽しめたりする大きな日影空間が生まれた。脚部には設備、器具、上下水が収まっている。その技術の系譜と生物的な形状から、ファブラボハウスは「生きた住宅」のコンセプトを具現化している。非常に先進的でありながら、それは確かに地球に属した建造物なのだ。

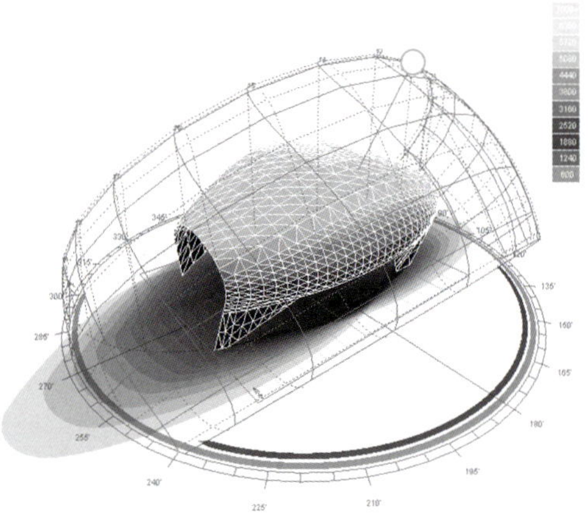
4440
3800
3160
2520
1880
1240
135'
180'
195'
210'
225'
240'
255'
270'
300'

この住宅はCNC技術で単板積層材から切り抜かれた木製部材のみで造られている。3つの脚部には設備が納まっている。内部制御システムは住宅性能を始終細かく監視する。

iaac
metapolis dictionary of advanced architecture

Bettering the Box

進化した箱の家

スマートボックス

SMARTBOX

Architect: ヴッパータール大学
Location: ソーラーデカスロン・ヨーロッパ 2010／スペイン
Area: 50m²

その小さなサイズのせいか、連想される古典的なデザインのためか、ソーラーデカスロンヨーロッパコンペの多くのプロジェクトは、概してモダニズム建築の箱形、特にミース・ファン・デ・ローエの代表的なファンズワースの家からヒントを得ている。ヴッパータール大学チームは、透明の壁が大胆な、クールで直線的な住宅から始め、いくつかの必要要素を加えていくことに決めた。これは決してつまらないアイコンではない。小さな空間では柔軟性が重要なことから、この住宅のインテリアは多機能かつ可動式家具の組み合わせを重視したデザインとなっている。

室内の片側に設置された2層の高さをもつ構造体「スマートボックス」は、調理と食事以外のすべての家庭機能が効率よく1つにまとまったユニットだ。1階部分には浴室とトイレがあり、屋外のデッキに設けた池に向って開放すると、スパエリアが出来上がる。上階は寝室とラウンジで、ステレオとテレビは下部のキャビネットに埋め込まれている。ワークテーブルと2台の追加ベッドもこのパズルのような不思議議な箱に納まっている。

スマートボックスに多くの機能を詰め込んだため、調節可能な作業空間を利用しなくてもリビング、キッチン、ダイニングスペースを贅沢に確保できる。奥の壁には諸設備と十分な収納が設置されており、高い位置の棚は楽に手で届く位置まで引き下ろし、また天井位置の棚にパチンと納まる仕組みになっている。リビングの向こう側にスマートボックスと向きあうかたちで、ユーティリティを兼ねるキッチンアイランドが設置されている。その特徴はコーヒーマシンと食器棚を納めたポップアップユニット。また折り畳み式のテーブルとイスを収納するスペースもあるので、広々としたリビングルームではカクテルパーティも開ける。また、このユニットは大きなスライド式ガラスパネルの後ろのドアから木製デッキに移動できるので、屋外パーティも楽しめる。

最低限のエネルギー需要の最新式の設備を完備しているが、それでもエネルギーは必要だ。40m²の屋上ソーラーパネルがこの住宅に必要な電気量の70%を、南側のソーラー壁が設備および冷暖房に必要な残りの30%を供給する。このデザインは「パッシブ住宅原理」に基づいており、つまり室内の快適性は外部環境に依存しない。かといってこの住宅が気候への配慮を無視したり、エネルギーを無駄遣いする空調に頼ったりするわけではない。建物自体の高断熱性能により、太陽熱あるいは冷気が容易に内部には入り込まないのだ。

空調システムはタッチスクリーンで操作する。また手動操作もしくは温度の変化による自動作動も可能だ。たとえば気温の変化で住宅正面にある熱抵抗カーテンが閉まる。このカーテンは外観における最も目立った特徴だ。アルミコーティングされたポリエステル地でつくられており、きらきらと光る。しかし単に心地よい美しさを添えているだけではない。直射日光の影響を90%以上遮りながら、内部からは透けて見えるので、拡散光を家の内部に行き渡らせる。太陽熱を遮断したい場合でも室内を暗がりにする必要はない。

配電盤は、送電網・電池補助・自立型電力源の3つの電力源を確保しながら、ソーラーパネルに吸収された電力を蓄電するバッテリーユニットの使用を最適化する。そのため、需要が著しく上昇

屋上光電池パネルはわずか3°の角度で設置されているので、地面の高さからは見えない。わずかに下がった屋根がテラスを保護する。外部用「カーテン」はアルミコーティングを施したポリエステル製。内部を明るく保ったまま90%の直射日光をカットする。

しない限り、自給エネルギー源がカバーする。気温40℃のマドリッドの日なたで送電網からの供給は必要なかった。実際、この住宅のソーラーパネルは、電化製品・温水供給・コンペ期間中の冷房に必要なエネルギーの3倍の量の生産を記録した。一方、ドイツの寒冷気候においても、2人の居住者と1匹の猫で住んだ場合、この住宅が必要量より70%多い電力を生産することが期待される。

全体的な窓の熱損失係数は約0.7～0.8W／(m²K)で、対する従来の木枠ペアガラス窓の値は2.9W／(m²K)、さらに高性能な製品でも1.4W／(m²K)。断熱材入り木製枠に三重ガラスをはめ込んだ裏側の大きなスライド式窓は、「パッシブ住宅」の標準仕様に適合。

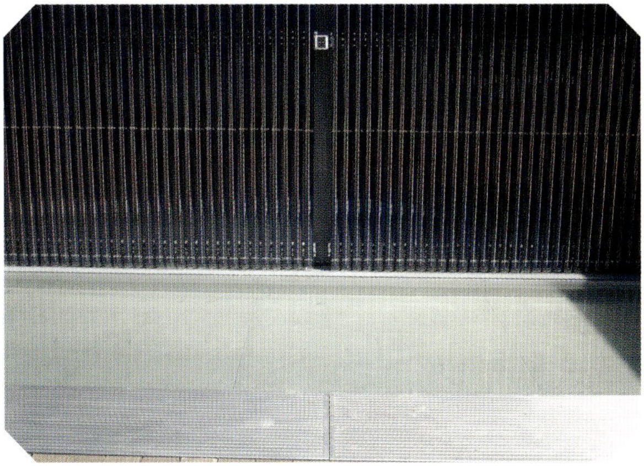

可動式エレメントは非常に重要で、
バー、ハーブガーデン、植栽、折り畳み式ソファなど
すべてのエレメントによって
さまざまな空間の使い方が可能だ。

この住宅の象徴的エレメントは、「スマートボックス」。この内部ユニットの浴室と収納は１階部分にあり、上階にはリビングスペースが見渡せる窓のついたアルコーブ式の寝室がある。ビルトインコーヒーマシンと収納が納まっているキッチンカウンターを後部のデッキエリアに移動することで、アウトドア・ダイニングが楽しめる。

5

BIG IDEAS MULTIPLIED

増殖する大いなるアイデア

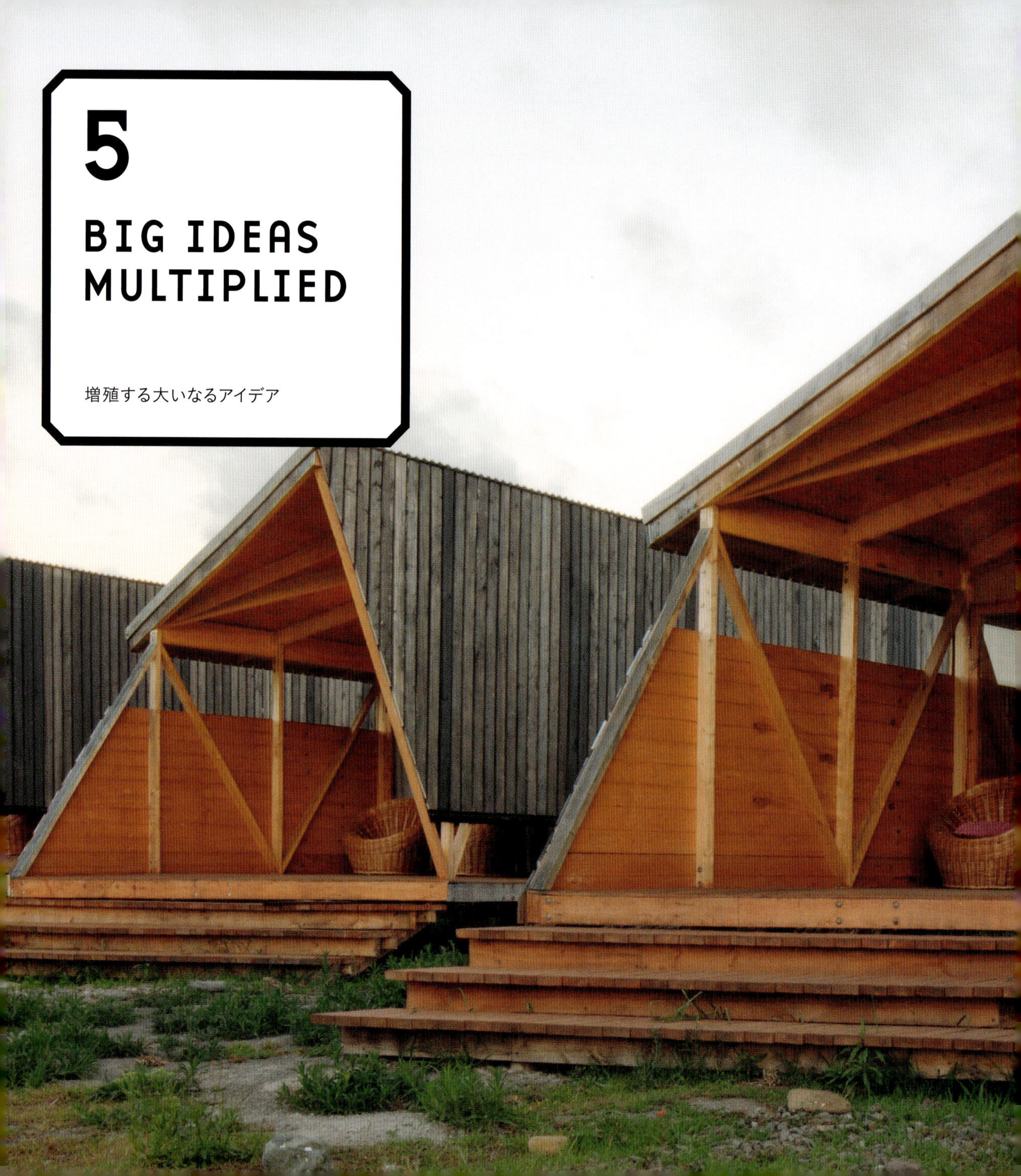

この章では、複製可能なデザインに注目した。複製というプロセスは、特に小型のプレハブ式住宅に適している。贅沢と余暇を代表するホリデーコテージと、最低限の機能と設備をもつ公営住宅は、一見、両極端にあるプロジェクトだ。この両者を紹介する意図は、両者のコントラストではなく共通点を考察するためである。小住宅の検証は、その分野に限られた研究ではなく、どのスケールでどのような目的に応用できるのか、ということを理解するものである。つまり、成功した小住宅の1つを検証することで、ほかの住宅も目的に向かって前進させることができるのだ。

ホリデーハウスには、うまく建てられた一般的な住宅でもかなわない魅力がある。ここに登場するプロジェクトは、革新的な工法と独創的なコンセプトにより、快適な休暇施設が提供するものをはるかに超えるものを備えている。

かの有名なフランク・ロイド・ライトが手掛けた「落水荘」。その近くの森に点在する、パトゥカウ・アーキテクツによる小さなコテージ群（→P.194）は、自然からヒントを得て賢く土地を利用した実例の1つだ。さらに遠くへ目を向けると、絶海の孤島イースター島にチリの設計事務所AATAによる、発想豊かな形態、材料、気候への配慮が融合した魅力的な木製キャビンの小さなクラスター（→P.186）がある。また、スウェーデンの片田舎を舞台にした、ヴィジョンディヴィジョンによる伝統的な休暇施設への挑戦的なアプローチは、自らの限界を探るような状況を想起させる（→P.204）。

そして、ジョセフ・ベローモは贅沢と必然性のつながりを提案する。裏庭の仕事場または緊急用のシェルターとして使用可能な簡易構造の建物をつくったのだ（→P.190）。「ハウスアーク」のプロトタイプは、災害救済シェルターが難題であることを知らしめる。仮設可動式住宅とはどうあるべきか？ 最も安価かつ効率的に収集可能な材料とは何か？ ここで紹介するノルウェーのグループ、トゥイン・テイネストウェによる作品は、実際に最も悲惨な地域で取り組んだプロジェクトの1つだ。彼らが手掛けた、タイとビルマの国境にあるカレン民族の孤児たちのための宿（→P.198）は、完璧な住宅とはいえないが、家らしきものの創造に役立っている。

また敷地やコミュニティとともによいデザインを生み出すことを目指すチリの設計事務所エレメンタルは、意欲的かつ人道にかなった公営住宅（→P.208）の計画で有名になった。今後20年間で急速な増加が予想される都市の貧困層のため、住宅問題に取り組んだものだ。都市環境において住宅供給を引き受けることはチャレンジ以外の何ものでもない。ポーランド人建築家のリシャルド・リヒリキは、健康的とはいえない地域の1つである高速道路周辺の空き地に、住人たち（学生や短期滞在者）が呼吸できる住宅モデルを考案した（→P.182）。

本書の巻頭で掲げた考え、つまり「われわれが本当に必要とするスペース」を設計前に検討するということを、この章で学ぶことができる。休暇施設や緊急シェルター、移動式構造体、定住型構造体、太陽エネルギーまたは電力網に頼った建物など、すべてが小さな構造体から大きな影響を生み出そうと前進している。

Breathing Space

呼吸する空間

インスタントラング

INSTANT LUNG

Architect: リシャルド・リヒリキ, 2RAM
Location: ミラノ／イタリア
Area: 32m²

戦時用のガスマスクを付けた人のイメージからデザインへの熱意を駆り立てることは、なかなか容易なことではない。しかし、ミニマルな箱の二番煎じから脱してこのプロジェクトを前進させるために、若い建築家リシャルド・リヒリキは、あえてそのイメージを利用した。

都市の汚染された居住空間に注目し、生命維持のもっとも基本的なエレメントである「空気」を題材に、都市で暮らす人々の生活水準の改善を試みた。これは単なる屋上庭園や低密度建築の計画ではなく、文字どおり、われわれが呼吸する空気を建築が改善するという計画だ。

これは、ミラノで開催されたインスタントハウス・エキシビションのために2009年に開発された。プロジェクトの課題は、都市の高速道路の周辺という決して望ましくない環境に住宅開発を計画することだった。住みよいだけではなく、同様の環境に置かれた一般の住宅に比べてはるかに汚染が少ないといった内容のものだ。
リヒリキはまず、排気ガスと騒音を除去することに焦点を当てた。次に、手頃で多様な小さな住宅ユニットをつくることで、さらに簡単で素早い建設を可能にすることを目指した。

この家「インスタントラング」の主な特徴は、中央に設けたアコーディオンの蛇腹のような「肺」で、外壁の隙間を通して空気を取り込み、濾過して室内に送り込むという点だ。この「肺」は、69個の集成材のパーツからできており、空気循環装置を形成する木レンガと結合している。綿とフェルトの通気性素材によって覆われたこの装置は、不必要な汚染物質を内部で捕まえ、新鮮な空気のみを通過させる。捩じれながら建物の吹抜けを上がっていく「肺」は、全居室に通じ、さらに階段と上階の寝室も形成している。

もう1つのデザインの対象は騒音公害だ。多くの都市プロジェクトはガラス窓のみで対処している。これに対して、高防音性の特殊なU型ガラスを使用しつつ、耐力壁にも防音材を埋め込んでいる（ただし、外壁は予算上の都合で機能面がある程度妥協されている）。また、汚染による腐食被害を考慮しつつ、高速道路の風景に外観を融合させるため、構造と外壁材にプレキャストRCを選択した。フィルターが居住者の環境改善のために一生懸命機能するのだから、住宅の外観も同様に果敢に立ち向かってほしいものだ。

彼のアイデアを要約すると「空気フィルターマスクと防音ヘッドホンを住宅の機能に変換し、そのフィルターをシンプルな防音形態にした」ということだ。確かにシンプルなアイデアだ。現在の住宅計画ではほとんどの場合、強制換気を設けるか、なんらかの高効率的換気が考慮されている。このプロジェクトが際立っている（ある意味怖い）理由は、オーバーなルックスの換気のせいだろう。「肺」のレンダリングとガスマスクを一緒に並べると、このプロジェクトはSFの方向に反れてしまう危険があるが、それは意図的でもある。インスタントラングは、タバコの箱に印刷された警告表示のように、承知のうえで無視する危険に対して注意を促しているのだ。

高速道路近くでの使用を目的につくられた複数ユニットである。プレキャストコンクリートと音響パネル入り二重コンクリート壁を用いており、素早く簡単に建設することができる。

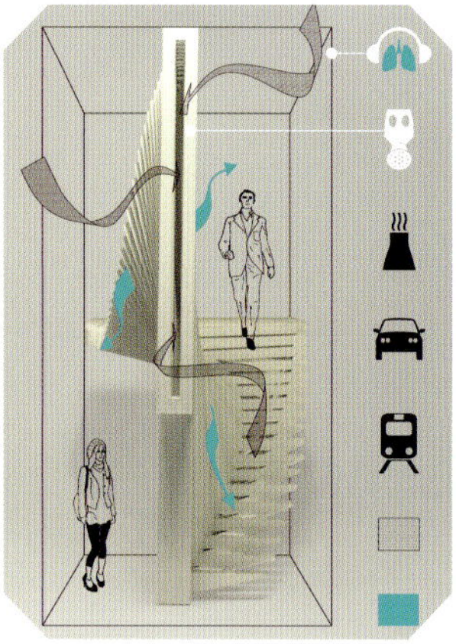

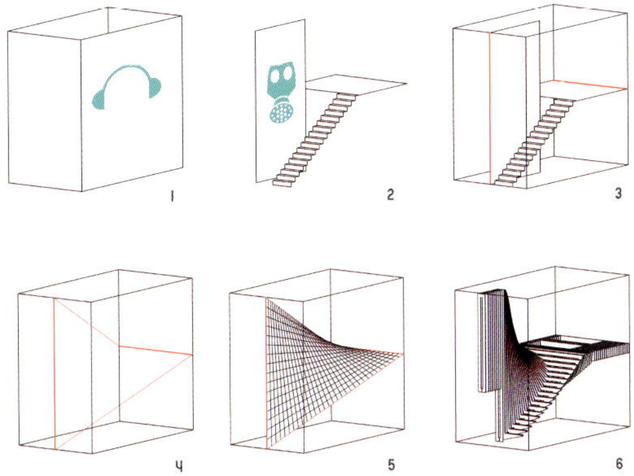

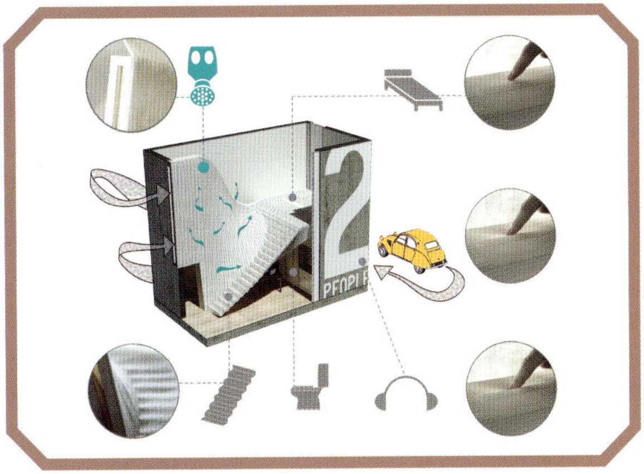

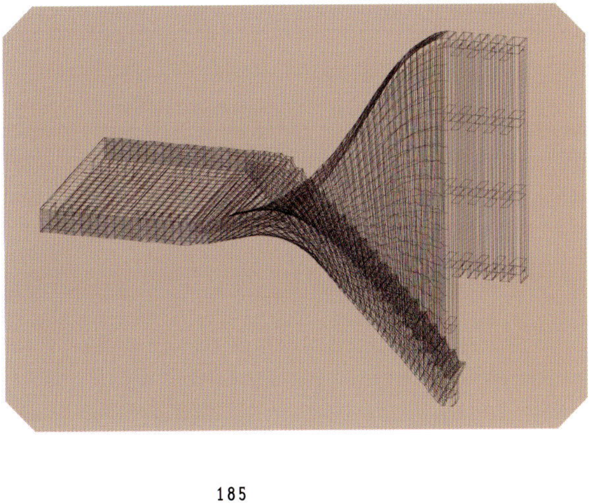

中央のフィルター「肺」が、内部をゾーンごとに分割する。 全体がフェルトと綿に覆われている。ねじれた面は家具、階段、ベッド、イス、棚となる。4名用の40m²まで拡大することが可能。

Lessons of the Past

教訓をかたちにした家

モレラヴァコテージ

MORERAVA COTTAGES

Architect: AATA Arquitectos
Location: イースター島／チリ
Area: 60m²

世界最果ての孤立した有人島。原住民はこの島を「世界のへそ」という意味のテ・ピト・テ・ヘヌアと呼ぶ。チリの現地語による正式名である、イスラ・デ・パスクアあるいはラパ・ヌイで知られている。チリとタヒチのもっとも近い人口集中地域から約3,475km、もっとも近い有人島から2,250km離れた、面積166km²ほどの島だ。

ユネスコ世界遺産に登録されているこの火山島には、壊れやすい生態系システムがある。川はなく、唯一の真水は3つの火山の火口湖から供給されるのみだ。さまざまな陸鳥の乱獲と、島の周囲を囲む巨大なモアイ像を移動するローラーに使用した原生ヤシの乱伐採が、原住民の絶滅の起因とされている。そして今でも島にはほとんど木がない。

4,000人にも満たない原住民が住むイースター島には、多様な観光宿泊施設がある。主に簡易宿であるが、そのほとんどは特に環境を意識したものではない。しかし、チリのAATAアルキテクトスが手掛けた新しいキャビン「モレラヴァコテージ」は、生態系に対する任務を真摯に引き受けている。驚くことに、島には建築規制が存在せず、建築家たちは自ら規制をつくって環境にできるだけ負荷を与えない建物を建てることにした。木造軸組に木張りのこの建物は、比較的軽量なので基礎を深く打つ必要はないが、島特有の強風と豪雨に耐えられるようにデザインされている。各建物の屋根で集められた雨水は、処理または貯蔵される。建築家のセバスチャン・チェルダ・ペは「すでに希薄な島の資源の過剰消費を避ける」と説明する。

ソーラーパネルはコテージで必要なすべての電力を供給し、ソーラー暖房システムによって温水もつくる。こうして、島のガソリンで供給される外部電力の必要性を軽減した。

このような環境配慮に加えて、コテージのデザインには清潔でモダンな空間とネイティブ・ポリネシアンの屋外スタイルを取り入れた。建物が前後に伸びる直線計画が空間の有効性を生む。そして建物の両端が、温暖気候にとって見た目も実用性にも優れたデッキエリアに開放されている。台形の建物の床から壁・屋根までを木が包み込んでいるようだ。また、一方の壁には高窓、反対側の壁には地窓が一直線に設けられている。これらは通風換気対策の一部でもあり、暑い季節には重要だ。窓と開口部で日射を最大限活用することで、電灯の必要性を軽減している。

このコテージの第一印象として目に飛び込んでくるのは、環境にやさしい効率的なデザインではなく、天然木の美しさとリズミカルな配列がなされたエレガントな構造だ。これらの要素により、希少な自然環境を補足するデザインにまで高めている。

もしこの島の歴史が、資源の過剰開発は自滅を引き起こすことという警告であるなら、モレラヴァコテージは、人類が過去の教訓から学んでいるという確かな希望のシンボルである。

コテージの材料は島内のものではなく、チリから調達したもの。地元の気象状況に対応して、通風換気や軽量構造に特に配慮したデザイン。高い断熱性能は不要だった。

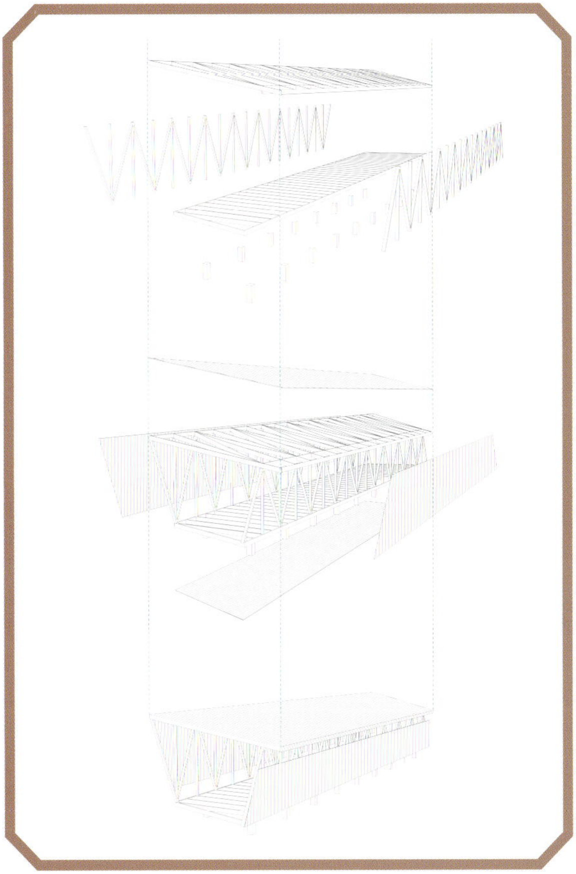

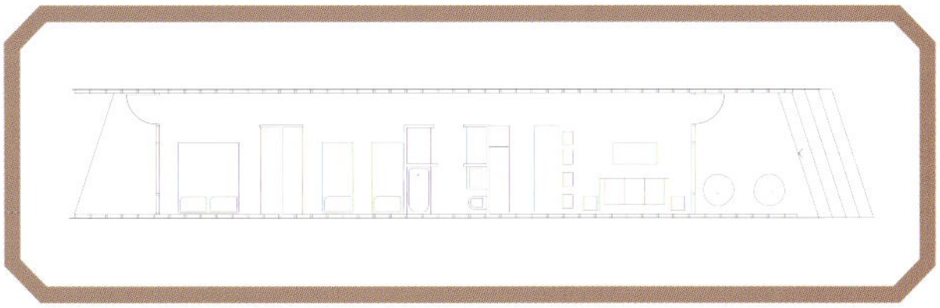

容易な組立てプログラムを示すダイアグラムの分解図。片側の壁は屋根から床までほぼソリッドで、低位置で換気を行う。反対側の採光窓によっても、空間全体の空気の流れを助ける。

Tubular Thinking

チューブからの発想

ハウスアーク

HOUSE ARC

Architect: Joseph Bellomo Architects
Location: ハワイ／アメリカ
Area: 70m²

すべては自転車から始まった。カリフォルニアに拠点を置く建築家ジョセフ・ベローモは、自転車愛好家のジェフ・セルツァーとチームを組んで、駐車場、公園周辺、街中に簡単に設置できる小型で軽量な自転車置き場「バイクアーク」を開発した。それは、チューブ型のスチール製力骨を半透明のポリカーボネートで覆った曲線状の構造体だ。このデザインはその後、さまざまな気候や環境に適応するために微調整されていった。耐候性の材料に覆われた曲線リブ構造という基本のアイデアに基づいて、ベローモとデザインリーダーであるタラネ・ナダフィが、このモデルを住宅問題に置き換え、「ハウスアーク」が生まれた。

単体ユニット（緊急シェルター）としての利用、もしくはいくつかを組み合わせてマルチユニットの家を形成することも可能だ。最初につくられたユニットは、独立型住宅としてではなく、既存の建物の増築として2010年にハワイ島に建てられた。

ベローモの環境主義者としての評判に反することなく、ハウスアークは電力網に頼らず、どこに建てられようが「理想的に地元でつくることができる」ようデザインされている。そのため、デザインは非常に柔軟である。プレファブパネルの典型的なモデュラー式住宅とは違い、ハウスアークはスチール製の力骨やポリカーボネート壁、スギ材といった個々のパーツのキットで構成される。しかし、外壁材は地元資源と気候に左右されるため、多様な選択肢がある。曲線形のフレームはバイクアークから引き継がれた。それはブランド名にこだわるだけではなく、その曲線の構造体にさまざまな備品を追加できるためである。あくまでも建築物を軽量かつ小さく保ちつつ、

ハウスアークは
簡単な図解マニュアル
付きなので、
施工に特別な訓練を
必要としない。

ベッド、机、カウンタートップなどを追加することが可能なのだ。

実際に建てられたこの家は、エネルギー効率にも力を入れている。換気と冷房効果は、屋根の上に浮かぶ格子棚の下と、地盤面や岩盤にダボ接合されコンクリート柱で持ち上げられた床下の、空気の流れによって向上する。ベローモは現在、製造業者とともにソーラーフィルム内蔵のポリカーボネートを開発している。透明な外壁として機能し、終日さまざまな日光の状況下で電力を生産できる新しい素材だ。

ベローモはこの工法をフラットパックファニチャーになぞらえている。つまり、安く簡単に運搬し、現場で組み立てることが可能なのだ。パーツキットの導入は、非常に短時間な組立て作業と同様に、エネルギーコストの削減も目指している。基本住宅ならば3〜4人が3〜4日で設置可能である。そして、地面から構造体を持ち上げることで、半永久的な土壌への影響を軽減する。簡単に解体でき、必要であればほかの場所に移動することもできる。

最初に建てられたモデルは機能を完備した住宅ではなかったが、「ハウスアークの将来的な目標は被災者たちを受け入れ、災害に耐えうる住宅を供給すること」とベローモは言う。この住宅はフラットパックファニチャーや自転車ラックよりは洗練されているが、熟練者でなくても組立て可能な材料と工法を提供することで、より人間的でハイクオリティなシェルターの普及を目指す大きな一歩である。

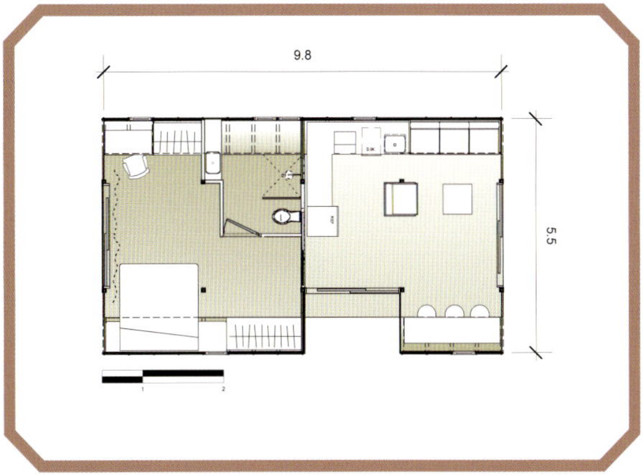

チューブ型のスチール製力骨を主部としたモデュラー式構造。外壁材は、スギのサイディングのような地元産の木材、防水膜付き再生金属パネル、合板下地など、地元の資源と天候に応じて選択することが可能。

ハウスアークは2つのモデュールから構成される。一方はキッチンとリビング機能で、他方は寝室となる。この2つはデッキによって接合され、その間は屋根付きの通路となる。

The Nature Imperative

自然からのヒント

メドウコテージ

MEADOW COTTAGES

Architect: Patkau Architects
Location: ペンシルバニア州ミル・ラン／アメリカ
Area: 63m²〜

フランク・ロイド・ライトが1935年にデパート王のエドガー・J・カウフマンのために設計した「落水荘」は、20世紀におけるアメリカ建築の最も素晴らしい作品の1つとして挙げられる。滝にまたがる岩崖の上に家を建てるといった大胆な偉業は、現代の建築家やエンジニアすらも怯ませる。ライトがデザインに盛り込んだ優雅さと創意工夫は比類がない。

落水荘の所有者である西ペンシルバニア州保存委員会が、この象徴的な住宅のそばの牧草地に6棟のコテージを建てるコンペティションへの参加を募ったとき、同時に彼らは大きな挑戦も投げ掛けていた。

この挑戦に応じるチャンスを勝ち取ったチームは、カナダの設計事務所パトゥカウ・アーキテクツだった。おそらく決定打となった彼らの提案の特徴は、ライトがそうしたように、自然の地形の導きに従って、非常に率直にコテージの雰囲気と全体的な形態を決定したことだった。「落水荘がベアラン（川）を特徴づける岩肌の露頭を強調しているように、このコテージはまさに牧草地の土壌と草がつくり出す起伏を強調している」と建築家ジョン・パトゥカウは説明する。ライトが、滝の下方もしくは向かい側に無難に住宅を設置するよりも滝をまたぐ岩に築くことを選択したように、パトゥカウも牧草地の起伏の上ではなくその中に新しい「メドウコテージ」をつくることを選んだのだ。

建物と正面から向き合うと、草原の小さな起伏にしっかり埋め込まれた、モダンで非常に明るいほら穴のようなコテージの趣旨がよく理解できる。正面の大きな開口部や、入り組んだ窓と高窓からの

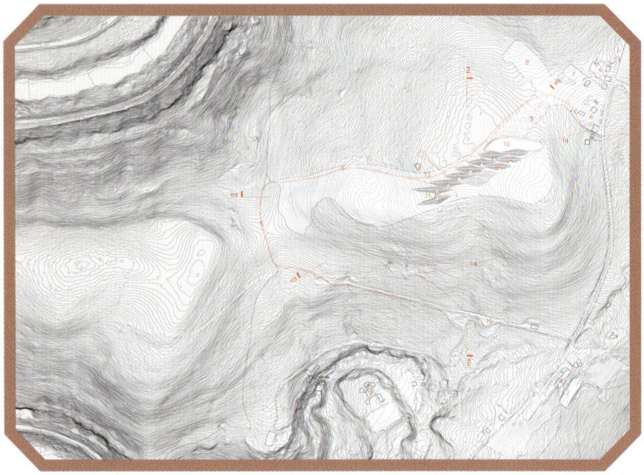

全体を頑丈に囲うために、スチールで覆われた暗渠の窓と開口部に軽量鉄骨材の枠を嵌め込んでいる。

自然光が照らす内部空間が、曲線形の凹みを形成し、洞窟のような心地よさを保っている。内部全面に張られた滑らかな木の内壁が、まるで地中をくり抜いた場所にいるような気分にさせてくれる。

またこのプロジェクトには、型破りなデザインから連想するよりはるかに効率的で順応性がある。建物の基本的な構造と外壁は、地元産の農産業用規格寸法の波形鋼で覆った暗渠である（この構造体は一般に、排水、道路下や小水路、溝などに使用される）。金属シートと防水膜で覆われ、内側はVOCフリーのポリウレタンフォームで断熱している。

工法の選択も可能だ。従来の戸建住宅のように現場での施工、もしくは工場で組み立てたユニットを現地に運搬することもできる。後者の場合、現場打ちコンクリート基礎スラブに取り付けた後に土で覆うので、エネルギーや労働力、廃棄物を軽減することができる。内部と外部はともに、「耐久性に富み長もちするデザインを目指した。敷地の牧草は自然に生まれ変わる外壁材であり、耐候性鋼材は時を経て永久で自然な仕上がりになっていく。そして、木とコンクリートによりメンテナンスの容易なインテリアをつくる」とパトゥカウは言う。

このコテージは、機能的で産業的な素材である割には、（少なくともレンダリングイメージからは）明らかにモダンで、幾分ゴージャスなインテリアを兼ね備えていることがうかがえる。オークの合板張りの内壁が、住人を金色に染まった暖かさで包み込むようだ。

また、主要玄関でもある凹みから差し込む自然光によって、内部空間での体験も驚くほど変化に富んでいる。周囲の草原を見渡せて、中を覗き見ることもできる。包括的なデザインと明るく親密感のある空間は、落水荘を生んだ厳しい巨匠でさえ評価するものがあるはずだ。

インテリアはポリウレタン断熱層の上に
オークの合板張りで仕上げている。

Taking Flight

飛び立つ家

ソーカータイハウス

SOE KER TIE HOUSES

Architect: TYIN Tegnestue
Location: ターク州ノーボ／タイ
Area: 6m²

非常事態や緊急時のために何かを設計することは立派な努力である。しかしその場合は、必要性や緊急性、そして人間性が優先され、美や完璧さ、効率性すら捨てざるを得ない。ここ数年、多くの建築家たちが絶望的な状況に対処する非常に画期的なデザインを考え出しているが、実際に建てられて本来の目標に至ったデザインはほとんどない。

トゥイン・テイネストウェは、ノルウェーのトロンドハイムに拠点を置く建築科学生たちによる非営利の人道活動団体で、2008年以来、タイとビルマの国境にある緊急避難所に流入するビルマからの難民たちを支援するプロジェクトに加わっている。ノルウェー人のメンバー、オレ・ヨルゲン・エドナが、主に紛争から逃れて増え続けるカレン族を支えるために、ターク州の小さな村に孤児院を設立した。数年前に24人の孤児を引き取ったが、さらに50人のスペースをつくることに奮闘してきた。孤児院はより良質な施設を必要としていたが、チームは建築の物理的要件を超えたものを追求した。彼らは、孤児たちが正常な生活環境のなかで経験するであろうことを、どうにか再創造したかったのだ。子どもたち一人一人に、自分だけの空間や住む家、そして友達と遊べる領域を与えることが目標だった。

解決策としていくつかの宿舎を建てることにした。丈夫で耐候性があり安全なこの宿舎は、正常な生活とコミュニティを提供すべく、並べて建てられた。一見シンプルな6棟の小さな「家々」は、その内外での活動を促すように配置されている。ユニットには水道や調理設備こそないが、最低限の「シェルター」ではなく、「生活」らしさを提案している。高さ450cmの建物にはロフト型の2段ベッドが

設置され、1階は座ったり、宿題をしたり、ふざけ合ったりして過ごすための空間だ。

その方法論は至ってシンプルかつ効率的だが、同時に素晴らしく独創的でもある。骨組は硬木の加工部材を現地で組み立てたものだ。急勾配の屋根によって換気と雨水収集ができる。湿気の問題には、コンクリート基礎と高床式で対処している。そして、豊富な地元材である竹が美をつくりだす。正面のパネルには細い竹、側面と背面には細片状にして編んだ竹、スクリーンには大ぶりの割竹を設置している。これらの実用的な要素に加え、カラフルな雨戸や傾斜した屋根で構成された小さな一画は、多くの悲劇が潜む影のなかに喜びに満ちたオアシスをもたらす。

広がり気味なV字形状から、職人たちは建物を「蝶々のような住宅」と呼んだ。しかし、その名は形の見立てを越えたものを意味している。「補強や湿気防止、素材の経済性といった基本的かつ重要な原理を取り入れることで、われわれのプロジェクトは、将来的に地元市民によって利用されるものの実例として機能する」とチームが記した方針と同様に、非常に前向きである。また彼らは、このデザインと建設工程への参加を地元市民から募った。少なくともこのプロジェクトに関して、これらのアイデアは目標に向かって実際に飛び立つことができたのだ。

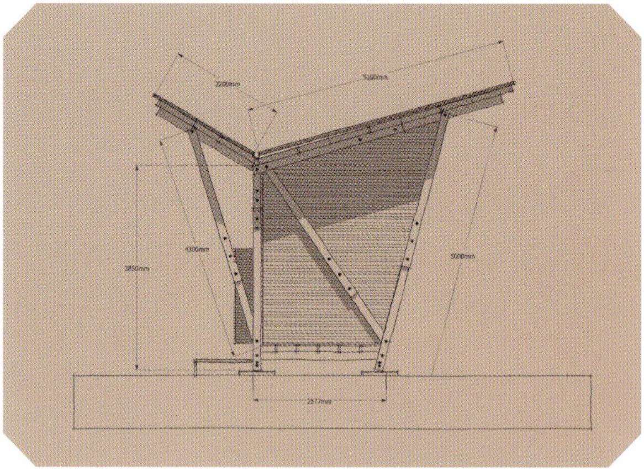

中古車のタイヤで型取ったコンクリートの支持上に設置されている。2棟が渡り廊下によってつながっている。それぞれ異なる角度と距離で配置され、子どもたちの交流を深め、野外活動のためのさまざまな空間を形成している。

1階の空間と上部のロフト型2段ベッドが特徴的。居住者が増加すれば1階も就寝に使用される。多様な窓やカラフルな合板の雨戸で遊び心を取り入れた外観。シンプルな屋外用家具は、竹のブランコや壊れた水タンクの欠片でつくったチェスボード。

Off-Peak Living

時間差生活の家

ピークシリーズ

PEAK SERIES

Architect: VisionDivision
Location: ソルナ／スウェーデン
Area: 45～90m²

「小さい」ということで生活の改善を探求するには、サマーハウスという概念はやや不経済に思える。通年住む場合、効率的な方法の模範となる住宅ではないだろう。ル・コルビュジエのキャバノンどころか、原始的な小屋すらも退きかねないが、象徴的な建築物が常に効果をもたらすとは限らないのだ。

スウェーデンの建築設計事務所ヴィジョンディヴィジョンのウルフ・メイェルグレーンとアンダーシュ・ベーレンソンの手掛けたプロジェクトには、この世のものではないような作品が多い。たとえば「エデンフォルズ」はアルゼンチンの荒廃地に建つ動物園に新たな展望を与えるための巨大な滝だ。病名ではなく星座を意味する「キャンサーシティ」は、スウェーデン人クライアントのザリガニの水中生息地、「コルドロンクロー」はスウェーデンのはるか北に建てられた屋外プール施設である。また、山腹に建てられた「スーパーヒーローアンビション」は、プライベート用の大きな駐車場で、6階上にある住宅への専用エレベーターが設けられている。

「ピークシリーズ」のコンセプトは、A字形フレームとスウェーデンのサマーハウスを基本とした増築可能な住居だが、ほかの国や気候にも順応することを想定したソリューションだ。デザインの着眼点は空間の効率性で、とんがり屋根をフル活用することで達成される。それは単なる耐候対策の斜面としてあるだけでなく、ピラミッド形の内部空間をも形成する。

リビングルームは広々とした1階部分に設け、客室は中階の勾配天井に沿って納めた。最上階は浴室付き主寝室だ。屋根裏の客用寝室はよくあるが、それが中階に設置されることは珍しい。しかも、ゲストが外から入ることができるハッチまで各部屋に設けており、外壁の板の隙間が上り下りするための梯子となる。夏の夜、まるで子どもがツリーハウスに群れるように、ゲストが楽しそうに高所の寝室に登って行くのは、ピークシリーズのワクワクさせる魅力の1つである。上階の家主のプライベートな空間専用のハッチもあるので、ゲストは夜、部屋へ戻る際に彼らと遭遇することはない。専用アクセスがあるおかげで、モーニングコーヒーの時間にも、下階で顔を合わせる代わりに、家主がゲストの窓の隣を降りて行くようなこともない。

まずは、北欧産のトウヒとシベリア産のカラマツを使用した2種類の大きさのプレハブ住宅が提案された。壁と屋根は現地で組み立てられる。最小（45m²）であれば、主寝室1つと6台のゲスト用ベッドで構成される。また2倍の広さの90m²に増築することも可能で、その場合は12台のゲスト用ベッドと最上階の2つの主寝室の間に大きな浴室が設置される。高効率な断熱材が構造体の熱性能を高める一方で、地元産の材料を使用することで木材のカーボンフットプリントが軽減される。

ピークシリーズは、模範的な住居としては少々風変わりだとしても、モダンかつエネルギー効率の高い家の代替案を掲げたことは評価されるべきだ。ただし彼らにとっては、アイコン的なA字形の構造をハイデザインでエコロジカルな未来のバケーションハウスに改作したにすぎないのかもしれない。

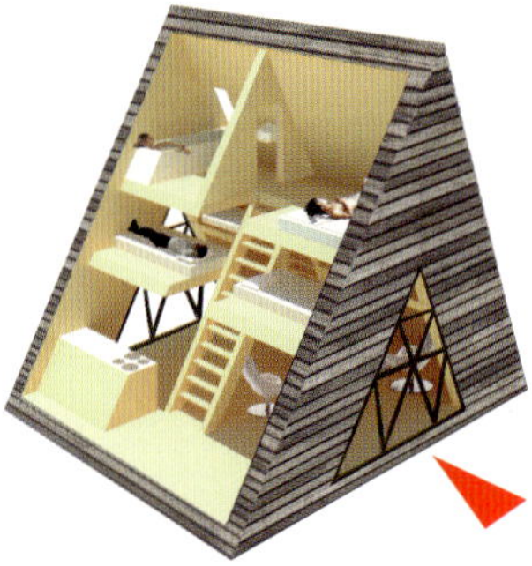

このデザイン案では木の角材を使用している。ファサード部分には心材を用い、頑丈な外装を形成する。耐候性の低い辺材はインテリアに使用。

A字形のデザインはトラス構造の安定性を利用している。傾斜屋根を有効利用して、階を等間隔に配置した。ゲストルームには屋外からハッチを使って出入りすることができる。高い場所からは遠くの風景まで見渡せる。

Halfway There

半分だけ完成した家

ハーフ・ア・ハウス

HALF-A-HOUSE

Architect: Elemental Chile
Location: モンテレイ／メキシコ，ミラノ／イタリア
Area: 18.6m²〜

厳密にいえば、アパートは小住宅のテーマから外れるが、チリの設計事務所エレメンタルがつくったものは、戸建住宅と集合住宅がいかなるものなのかを再定義している。プライベートとパブリックなデザインにおける本来の違いを問い掛け、現実的でよりよい公共住宅への重要なステップを示している。

エレメンタルは「実践集団」であり、建築議論の最前線に堂々と公営住宅の話題をもち掛けている。都市で増加する貧困層への住宅を供給するという差し迫った事態に、3つの基本目標「近隣地区、住宅、インフラをよく考える」「別のプロジェクトと同様の市場または政策状況下で建設する」「将来的な資産価値と投資の収益を生むデザインをする」ことを掲げている。

ディレクターであるアレハンドロ・アラヴェナは、大規模な商業プロジェクトなど（サンティアゴ・カトリック大学のシャムタワーを含む）を手掛けてきた。彼を人道的なデザインの創始者として世界的に有名にしたのは、貧困層のための1,000軒以上の住宅建設への取り組みである。公営住宅の根本的な欠点（貧弱なデザイン、過密性、スラム化）に挑むべく、アラヴェナは「ハーフ・ア・ハウス」のコンセプトを見出した。チリ北部の街イキケに1世帯当たり7,500ドルほどの予算で100世帯分の住宅を建設するという依頼を政府から受けた時、郊外に高層住宅を建設して人を住まわせるといった、お馴染みの難題に直面した。

幸い彼らは、より望ましい土地区画の購入と、基本構造の建設にあてる十分な自己資金があったので、それをこのプロジェクトに投入したのだ。土地を購入し、居住者が自力で建てられない主要部位（屋根、キッチン、浴室）のみを設けた集合住宅が建設された。その後、可能であれば、居住者がそれを完成させるのだ。

エレメンタルは清潔でモダンなデザインと効率的なプレファブ技術を利用して、人間味のある主旨と外観、規模を兼ね備えた建物をつくった。彼らが同様のスタイルで完成させたプロジェクトの最新作がメキシコのモンテレイにある。そこでは、モデュール式の直線形態の住戸が、子どもの遊び場や集いの場である共同広場を囲んでいる。3階建てのデザインからなる建物の1階は「戸建住宅」、上はメゾネット式「アパート」である。双方ともヴォイド（空洞）があり、この部分を居住者が増築することで、家は完成する。

2008年、エレメンタルはプレファブ式住宅のプロトタイプによってミラノトリエンナーレで金獅子賞を獲得した。主として貧困な国々で都市化が進み、世界の都市に住む人口が2030年までに30億人から50億人に到達するという予測を踏まえた提案である。「この先20年間、各世帯10,000ドルの予算」で「1週間に100万人に住宅を供給する」といった目標からインスピレーションを得た。

設備を要する複雑な半分を建築家と施工者が予算内で建設し、残り半分を居住者が引き受ける。ヴォイドは「テクノパネル」で埋めることができる。この素材は、簡易緊急住宅「カーサ・エレメンタル」のために開発されたものだ。アラヴェナの別の言い方によれば、それは建築の創造を実践することと、われわれの社会における緊急課題を解決することのために役立っている実例である。

モンテレイに建てられたように、1階が一戸建て、上階にメゾネット式のアパートという構成が基本となっている。建設の初期費用を抑えるために残されたヴォイドを埋めることで増築が可能。基本的なキッチンと浴室の設備は整っているが、居住者自身による生活スペースの増築と住宅の完成が望まれる。

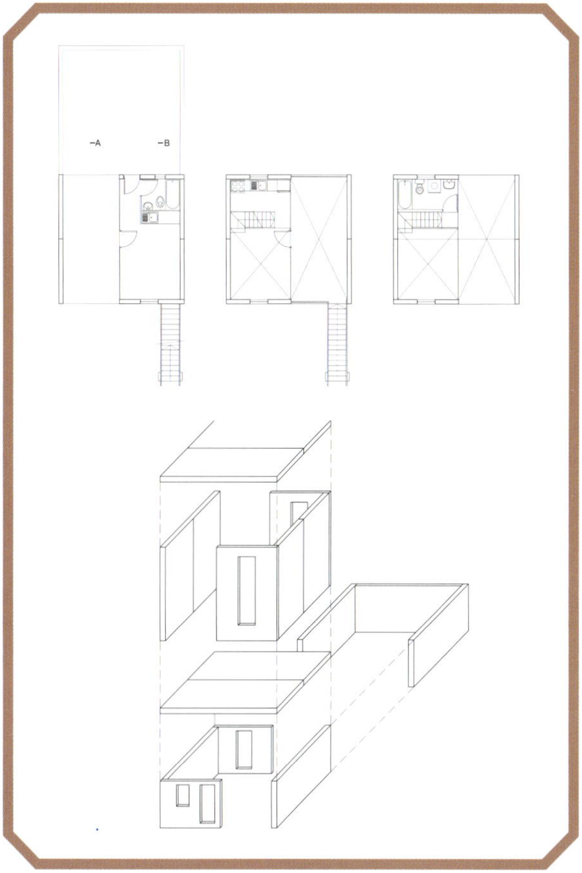

ミラノに建てられたプロトタイプ。基本は1戸18.6m²で、隣の空洞を部屋にすると62.8m²に拡張できる。メゾネットタイプのものは26.3m²から71.8m²に広げることができる。各家庭でカスタマイズできるプレファブ工法。効率性と経済性を組み合わせた方法である。

(P.222) メキシコ北西のヌエボ・レオン州の自治体からの依頼で、サンタ・カタリナの中流階級近隣地区の敷地0.6haに、70世帯の住宅を建設した。建物の半分はセルフビルドで完成する予定。

VENTAS

PROJECT CREDITS

プロジェクトクレジット

VILLA HERMINA 〈ヴィラヘルミナ〉 014

Architect: HŠH Architekti
Project team: Petr Hájek, Tomáš Hradecný, Jan Šépka
Contractor: Eav Plze
Building assistant: Jan Kolá
Structural consultant: Vadislav Klíma

HOUSE IN HIRO 〈広の家〉 018

Architect: サポーズデザインオフィス

CASA XS 〈カーサ XS〉 022

Architect: BAK Arquitectos
Project team: Maria Victoria Besonias,
Guillermo de Almeida, Luciano Kruk, with Sebastián Indri

XXS HOUSE 〈XXS ハウス〉 026

Architect: Dekleva Gregorič Arhitekti
Design team: Aljoša Dekleva, Tina Gregorič

L41 032

Architect: Katz Architecture
Design team: マイケル・カッツ, ジャネット・コーン (artist)

HOUSE LINA 〈ハウスリナ〉 036

Architect: Caramel Architekten
Project team: ウルリッヒ・アスペッツベルガー

TRAILERWRAP 〈トレイラーラップ〉 042

Architect: コロラド州立大学ボルダー校建築計画学科
Faculty team: マイケル・ヒューズ, Peter Schneider,
Bruce Wrightsman, Willem Van Viet, および学生たち

A FOREST FOR A MOON DAZZLER 048
〈ア・フォレスト・フォー・ア・ムーン・ダズラー〉

Architect: ベンジャミン・ガルシア・ザクセ

ONE+MINIHOUSE 〈ワン+ミニハウス〉 052

Architect: Add-A-Room
Project team: Susanne Aarup, Sven Hansson, Lars Frank Nielsen

BLOB 〈ブロブ〉 058

Architect: dmvA Architecten
Design team: David Driesen, Tom Verschueren, Thomas Denturck
Contractor/Construction engineer: AD&S

SILBERFISCH 〈シルバーフィッシュ〉 064

Architect: Confused-Direction
Design team: Bernhard Ulrich, Flo Florian, Sascha Akkermann

FINCUBE 〈フィンキューブ〉 068

Architect: Studio Aisslinger
Project team: WernerAisslinger (Design), Tina Bunyaprasit (Interior Design), markus Lobis (Wood Structure), Matthias Prast (Interior Finish)

SHELTER NO. 2 〈シェルター NO. 2〉 074

Architect: Broissin Architects
Project team: Gerardo Broissin, David Suárez, Alejandro Rocha, Juan Carlos González

ROLL-IT 〈ロールイット〉 078

Architect: カールスルーエ大学建築建設工学科 (matthias Pfeifer, Petra Von Both)
Leading scientific assistants: Matthias Michel, Camille Gregor Hoffmann, Andreas Kindsvater, Karsten Rexroth
Student team: Cordula Hoerner, Carolin Stempfle, Simon Foto, Birgit Braun, Marianne Preissler, Christian Zwick, Konstantin Jerabek, Sebastian Salopiata, Monica Udrea, Vasiliki Sofokleus, Matthias Höfker, Johannes Flamm

POD HOME 〈ポッドホーム〉 082

Architect: リサ・ティルダー, ステファン・トゥーク, オハイオ州立大学
Faculty team (engineering): Gary Kinzel, Seppo Korpela
Student team: Gregory Delaney, Elizabeth Evanoo, Michael Factor, S.Scott Kittle, RobertScott, NathanielSubstanley, Gregory Tran
Student team (engineering): Doug Powell, Anna Schwinn, Kara Shell
Consultants: Jerome M. Scott Architects, Inc
Consultants (engineering): Shelley Metz Baumann Hawk, Inc

ARKIBOAT 〈アルキボート〉 086

Architect: ドリュー・ヒース
Project team: ドリュー・ヒース, Ian Ugarte, Daniel Girling Butcher, Tynan Dwyer

BUBBLE HOUSE 〈バブルハウス〉 090

Architect: MMASA Arquitectos
Project team: Patricia Muñiz, Luciano G. Alfaya

CASA INVITADOS 〈カーサインヴィタドス〉 096

Architect: AATA Arquitectos
Project team: Sebastián Cerda Pé

MERRY-GO-ROUND HOUSE 〈メリーゴーランドハウス〉 100

Architect: ビュロー・イラ・コース
Project team: Ira Koers, with kr8architecten

VACATION CABIN 〈ヴァケーションキャビン〉 106

Architect: Stephen Atkinson Architecture
Project team: Stephen Atkinson (architect), Steve Kawell (builder)
Structural engineer: Garth Glasgow, Goff Engineering

LE CABANON 〈ル・キャバノン〉 110

Architect: Atelier Correia
Project team: シリル・ブリュレ

CHEN HOUSE 〈チェンハウス〉 114

Architect: Casagrande Laboratory
Project team: Marco Casagrande, Frank Chen, Si-Ding Chen, Nikita Wu, Shu-Gi Bai
Local knowledge: Mrs Lee

SUNSET CABIN 〈サンセットキャビン〉 118

Architect: Taylor Smyth Architects
Partner-in-charge: マイケル・テイラー
Project assistant: Michael LaFreniere

EARTH HOUSE 〈アースハウス〉 124

Architect: BCHO Architects
Project team: Byoung Soo Cho, Hongjoon Yang, sWoohyun Kang, Tachyun Nam

HOLIDAY HOUSE 〈ホリデーハウス〉 128

Architect: Paan Architects
Design team: マリア・パパフィーゴウ, ヨハン・アナーヘルド
Structural engineer: K-Konsult

BATH HOUSE 〈バスハウス〉 132

Architect: ARKit
Team: クレイグ・チャットマン
Structural engineers: Structural Works P/L
Contractor/manufacturer: ARKit P/L

PACO 3M3 〈パコ3M3〉 138

Architect: スキーマ建築計画
Team: 長坂常
Construction: Roovice
Technical collaborator (lighting): 岡安泉
Assistant: Daisuke Motogi

BOXHOME 〈ボックスホーム〉 142

Architect: Rintala Eggertsson Architects
Design Team: サミ・リンタラ, Dagur Eggertson, John Roger Holte, Julian Fors

SILO HOUSE 〈サイロハウス〉 147

Architect: コーネル大学ソーラーデカスロンチーム
Design Team: Chris Werner (project manager), Irina Chernayakova (concept); Travis Fitch, Dan Strongwater
Engineering: Myra Wong, Evan Ture, Jeremy Blum, Tom Murray
Landscape architecture: Bobby Harvey, コーネル大学ソーラーデカスロンチーム

SOLAR HOUSE I 〈ソーラーハウス I〉 152

Architect: オハイオ州立大学ソーラーデカスロンチーム
Project Team: Keoni Fleming, Steve Winter, Deanna Hinkle, Neal Clements, Dave Nedrow, Jared Lairmore, Erin Reilly-Sanders
Engineering Team: Mark Walter, Kara Shell, Matt O' Kelly, Lucas Dixon, Alli Cerrato, Bethany Halasz
Special thanks: Michael K. Watkins, Watt 1 Electrical Systems:David Hammontree, Ohio Radiant Floor:College of Engineering, Ohio State University, Knowlton School of Architecture

LUMENHAUS 〈ルーメンハウス〉 156

Architect: バージニア工科大学ソーラーデカスロンチーム
Faculty advisors: Joseph Wheeler, Robert Dunay, Robert Schubert, David B. Clark, Andrew McCoy, Jane Machin, Denis Gracanin, Michael von Spakovsky, Mario Cortes, Ben Johnson, Virgilio Centeno, Jim Jones, Brian Kleiner, Clive Vorster
Architecture team: Alden Haley, Corey McCalla, Chris Taylor, Zachary Bacon, John Black, Florence Graham, Michael Gultneh, Lindsey Jones, Gabriel Oliver, Osamu Osawa, Allison Ransom, Travis Rookstool, KevinSchafer, Megan Sunderman, Christian Truitt, Mathew Vibberts
Industrial design: Casey Reeve

IKAROS HOUSE 〈イカロスハウス〉 160

Architect: ローゼンハイム大学ソーラーデカスロンチーム
Project leader: Marcus Wehners
Project architect: Gitte Henning

NAPEVOMO 〈ネーブヴォーモ〉 164

Architect: Arts et Métiers ParisTech, Bordeaux
Project team: Benjamin André, Stéphanie Armand, Julien Bodennec, Gaëtan Bourgogne, Mathieu Condamin, Florent Dubois, Erwan Etienne, Julien Grimault, Adrien Lizinczyk, Emmanuel Marion, Gonzalo Rodriguez, Benoit Beaupuy, Denis Bruneau, Yves Goisnard, Philippe Lagiere

FABLAB HOUSE 〈ファブラボハウス〉 168

Architect: IAAC with the MIT Center for Bits and Atoms
Project team: Vicente Guallart, Institute for Advanced Architecture of Catalonia:Neil Gershenfeld, MIT Center for Bits and Atoms:Daniel Ibañez (faculty) / Rodrigo Rubio (faculty)
Structural engineer: Florian Foerster, Happold Ingenieurbüro
Structural calculation: Diego Velayos López, xstarquitectura
Electrical engineer: Juan Quero Barrera, Schneider Electric
iaac selected researchers: Daisuke Nagatomo (Japan), Minnie Jan (Taiwan), James Brazil (Australia), Jezi Stankevic (Lithuania), Cesar Daoud (France), Romuald Szpilewski (Lithuania), Ricardo Zaldivar Armenta (Mexico), David Moreno Rubio (external researcher, Spain)

SMARTBOX 〈スマートボックス〉 174

Architect: ヴッパータール大学ソーラーデカスロンチーム
Project team: Anett-Maud Joppien, Martin Hochrein, Karsten Voss, Soara Bernard
Project management: Hedwig Wiedemann, Manuel Loesa, Ruth Knoth, Michael Doerin
Team Wuppertal: Over forty students from the departments of Architecture, Civil Engineering, Design and Economics
Support and consultancy: Experts from over fifty German companies and institutions

INSTANT LUNG 〈インスタントラング〉 182

Architect: リシャルド・リヒリキ, 2RAM

MORERAVA COTTAGES 〈モレラヴァコテージ〉 186

Architect: AATA Arquitectos
Project team: Sebastián Cerda Pé, Nicole Gardilcic V.

HOUSE ARC 〈ハウスアーク〉 190

Architect: Joseph Bellomo Architects
Project team: Joseph Bellomo, Taraneh Naddafi (design team leader)

MEADOW COTTAGES 〈メドウコテージ〉 194

Architect: Patkau Architects
Project team: James Eidse, Patricia Patkau, John Patkau, Thomas Schroeder, Luke Stern

SOE KER TIE HOUSES 〈ソーカータイハウス〉 198

Architect: TYIN Tegnestue
Design team: Pasi Aalto, Andreas Grøndvedt Gjertsen, Yashar Hanstad, Magnus Henriksen, Line Ramstad, Erlend Bauck Sole

PEAK SERIES 〈ピークシリーズ〉 204

Architect: VisionDivision
Design team: Ulf Mejergren, Anders Berensson

HALF-A-HOUSE 〈ハーフ・ア・ハウス〉 208

Architect: Elemental Chile
Design team: Alejandro Aravena, Fernando Garcia-Huidobro, Gonzalo Arteaga
Design team (Milan prototype): Alejandro Aravena, Fernando Garcia-Huidobro

ARCHITECT INFORMATION

設計事務所・建築家一覧

2RAM

» **INSTANT LUNG** (P.182)

Representative: Ryszard Rychlicki
Country: POLAND
Email: rychlickiryszard@gmail.com, 2ramdesign@gmail.com
Web: www.ryszardrychlicki.com, www.2ram.pl

AATA Arquitectos

» **CASA INVITADOS** (P.096), **MORERAVA COTTAGES** (P.186)

Address: San Pio X 2460. Of 604, Providencia, Santiago
Country: CHILE
Tel: +56 2 335 89 78
Email: info@aata.cl
Web: www.aata.cl

Add-A-Room

» **ONE+ MINIHOUSE** (P.052)

Address: Gökbacksvägen 7, 13568 Tyresö
Country: SWEDEN
Email: info@addaroom.se
Web: www.addaroom.se

ARKit

» **BATH HOUSE** (P.132)

Representative: Craig Chatman
Address: Level 1, 15 Johnston Street, Collingwood, Victoria 3066
Country: AUSTRALIA
Tel: +61 3 9416 3615
Email: info@arkit.com.au
Web: www.arkit.com.au

Arts et Métiers ParisTech, Bordeaux

» **NAPEVOMO** (P.164)

Address: Esplanade des Arts et Métiers, 33405 Talence
Country: FRANCE
Tel: +33 5 56 84 53 33
Web: www.ensam.eu

Atelier Correia

» **LE CABANON** (P.110)

Representative: Cyril Brulé
Address: 7 place de la République, 21210 Saulieu
Country: FRANCE
Tel: +33 3 80 64 38 53
Web: www.ateliercorreia.com

Stephen Atkinson Architecture

» **VACATION CABIN** (P.106)

Address: 125 University Avenue, Suite 210, Palo Alto, California 94301
Country: USA
Tel: +1 (650) 321-6118
Email: sa@studioatkinson.com
Web: www.studioatkinson.com

BAK Arquitectos

» **CASA XS** (P.022)

Country: ARGENTINA
Email: info@bakarquitectos.com.ar
Web: www.bakarquitectos.com.ar

BCHO Architects

» **EARTH HOUSE** (P.124)

Representative: Byoung Soo Cho
Address 1: 55–7 Sil Building,Banpo 4dong, Seocho-gu, Seoul
Tel 1: +82 2 537 8261
Country 1: SOUTH KOREA
Address 2: 401 West Dickerson Street, Bozeman, Montana 59715
Country 2: USA
Email: bc@bchoarchitects.com
Web: www.bchoarchitects.com

Joseph Bellomo Architects

» **HOUSE ARC** (P.190)

Address 1: 102 University Avenue, Palo Alto, California 94301
Tel 1: +1 (650) 326-0374
Address 2: 78–6823 Walua Road, Kailua-Kona, Hawaii 96740
Tel 2: +1 (808) 322-9393
Country: USA
Email: contact@bellomoarchitects.com
Web: www.bellomoarchitects.com

Broissin Architects

» **SHELTER NO. 2** (P.074)

Address: Circuito Circunvalacion Oriente 24a, Col La Florida, CP 53160 Naucalpan
Country: MEXICO
Email: contact@broissin.com
Web: www.broissin.com

Bureau Ira Koers

» **MERRY-GO-ROUND HOUSE** (P.100)

Address: Oostelijke Handelskade 12E, 1019 BM Amsterdam
Country: NETHERLANDS
Tel: +31 20 419 7554
Email: info@irakoers.nl
Web: www.irakoers.nl

Caramel Architekten

» **HOUSE LINA** (P.036)

Address: Ultrich Aspetsberger, Schottenfeldgaße 60/36, 1070 Vienna
Country: AUSTRIA
Tel: +43 1 596 3490
Email: kha@caramel.at
Web: www.caramel.at

Casagrande Laboratory

» **CHEN HOUSE** (P.114)

Representative: Marco Casagrande
Address 1: Tamkang University Department of Architecture, 151 Ying-chuan Road, Tamsui Taipei 251
Tel 1: +886 2 2621 5656
Country 1: TAIWAN
Address 2: C/O Antti Antinoja, PL 14, 10210 Inkoo
Country 2: FINLAND
Email: info@clab.fi
Web: www.clab.fi

Confused-Direction

» **SILBERFISCH** (P.064)

Address: Werftweg 15, 26135 Oldenburg
Country: GERMANY
Email: info@confused-direction.de
Web: www.confused-direction.de, www.schwimmhausboot.de

Cornell University

» **SILO HOUSE** (P.147)

Address: College of Architecture, Art & Planning 139 E. Sibley Hall, Ithaca, New York 14853
Country: USA
Tel: +1 (607) 255-5236
Email: cuarch@cornell.edu
Web: http://aap.cornell.edu

Dekleva Gregorič Arhitekti

» **XXS HOUSE** (P.026)

Address: Dalmatinova Ulica 11, 1000 Ljubljana
Country: SLOVENIA
Tel: +386 1 430 52 70
Email: arh@dekleva-gregoric.com
Web: www.dekleva-gregoric.com

dmvA Architecten

» **BLOB** (P.058)

Address: Drabstraat 10 – bus 201, 2800 Mechelen
Country: BELGIUM
Tel: +32 15 33 09 86
Email: info@dmva-architecten.be
Web: www.dmva-architecten.be

Elemental Chile

» **HALF-A-HOUSE** (P.208)

Address: Los Conquistadores 1700, Piso 25-A, Providencia, Santiago
Country: CHILE
Tel: +56 2 753 3000
Email: info@elementalchile.cl
Web: www.elementalchile.cl

Benjamin Garcia Saxe

» **A FOREST FOR A MOON DAZZLER** (P.048)

Address: London
Country: UK
Tel: +44 7891 540 606
Email: benjamin@benjamingarciasaxe.com
Web: www.benjamingarciasaxe.com

Drew Heath

» **ARKIBOAT** (P.086)

Address: Blackheath, New South Wales
Country: AUSTRALIA
Tel: +61 4 1449 1270
Email: drewheath@optusnet.com.au, info@arkiboat.com.au
Web: www.drewheath.com, www.arkiboat.com.au

HŠH Architekti

» **VILLA HERMINA** (P.014)

Country: CZECH REPUBLIC
Email: info@hsharchitekti.cz
Web: www.hsharchitekti.cz

IAAC + the MIT Center for Bits and Atoms

» **FABLAB HOUSE** (P.168)

IAAC
Address: C/Pujades 102 baixos, Poble Nou, Barcelona 08005
Country: SPAIN
Tel: +34 93 320 9520
Email: info@iaaccat.com
Web: www.iaac.net

MIT Center for Bits and Atoms
Address: 20 Ames Street, E15-404, Cambridge, Massachusetts 02139
Country: USA
Tel: +1 (617) 253-4651
Email: info@fablabhouse.com
Web: www.fablabhouse.com

Katz Architecture

» **L41** (P.032)

Representative: Michael Katz
Address: 105 West 18th Avenue, Vancouver, British Columbia V5Y 2A6
Country: CANADA
Tel: +1 (604) 338-7400
Email: info@katzarchitecture.com
Web: www.katzarchitecture.com

MMASA Arquitectos

» **BUBBLE HOUSE** (P.090)

Address 1: Fernández Latorre nº1-3, 1º izq, 15006 A Coruña
Tel 1: + 34 981 664 463
Email 1: correo@mmasa.net
Address 2: Ramón Peinador nº34, 1ºc, 36890 Mondariz Balneario
Tel 2: +34 981 664 463
Email 2: mondariz@mmasa.net
Country: SPAIN
Web: www.mmasa.net

Ohio State University

» **POD HOME** (P.082), **SOLAR HOUSE I** (P.152)

Address: Knowlton School of Architecture
275 West Woodruff Avenue, Columbus, Ohio 43210
Country: USA
Tel: +1 (614) 292-1012
Web: http://solardecathlon.osu.edu

Paan Architects

» **HOLIDAY HOUSE** (P.128)

Address: Leocharous 17, 5th floor, 10560 Athens
Country: GREECE
Tel: +30 210 32 56 958
Email: maria@paan.gr, johan@paan.gr
Web: www.paan.gr

Patkau Architects

» **MEADOW COTTAGES** (P.194)

Address: 1564 West 6th Avenue
Vancouver, British Columbia V6J 1R2
Country: CANADA
Tel: +1 (604) 683-7633
Email: info@patkau.ca
Web: www.patkau.ca

Rintala Eggertsson Architects

» **BOXHOME** (P.142)

Address 1: Stavangergata 46A, 0467 Oslo
Tel 1: +47 222 30006
Address 2: Hyttebakken 33, 8011 Bodø
Tel 2: +47 905 19005
Country: NORWAY
Email: sami@ri-eg.com
Web: www.rintalaeggertsson.com

Schemata Architecture Office

» **PACO 3M3** (P.138)

Address: 2-30-6 Kamimeguro, Meguro, Tokyo 153-0051
Country: JAPAN
Tel: +81 3 5939 6773
Web: www.sschemata.com

Studio Aisslinger

» **FINCUBE** (P.068)

Address: Heidestraße 46–52, 10557 Berlin
Country: GERMANY
Tel: +49 30 315 05 400
Email: studio@aisslinger.de
Web: www.aisslinger.de

Suppose Design Office

» **HOUSE IN HIRO** (P.018)

Address 1: 15-1 Funairihon-machi, Naka-ku, Hiroshima 730-0843
Tel 1: +81 82 961 3000
Address 2: 1-21-8-403 Tomigaya, Shibuya-ku, Tokyo 151-0063
Tel 2: +81 3 6416 8581
Country: JAPAN
Email: info@suppose.jp
Web: www.suppose.jp

Taylor Smyth Architects

» **SUNSET CABIN** (P.118)

Address: 245 Davenport Road, Suite 300
Toronto, Ontario M5R 1K1
Country: CANADA
Tel: +1 (416) 968-6688
Web: www.taylorsmyth.com

TYIN Tegnestue

» **SOE KER TIE HOUSES** (P.198)

Address: Postboks 8848, 7481 Trondheim
Country: NORWAY
Tel: +47 452 76356
Email: post@tyintegnestue.no
Web: www.tyintegnestue.no

University of Applied Sciences Rosenheim

» **IKAROS HOUSE** (P.160)

Representative: Craig Chatman
Address: Raum W 114, Hochschulstraße 1, 83024 Rosenheim
Country: GERMANY
Tel: +49 8031 805 690
Email: marcus.wehner@fh-rosenheim.de
Web: www.solar-decathlon.fh-rosenheim.de

University of Colorado–Boulder

» **TRAILERWRAP** (P.042)

Representative: Michael Hughes
Address: College of Architecture and Planning, Boulder, Colorado
Country: USA
Tel: +1 (479) 422-0133
Email: awolhughes@yahoo.com
Web: www.trailerwrap.net

University of Karlsruhe

» **ROLL-IT** (P.078)

Address: Institut für Entwerfen und Bautechnik
Englerstraße 7 Geb. 20.40, Raum 130, 76131 Karlsruhe
Country: GERMANY
Tel: +49 721 6084 2183
Email: info@rollit-09.de
Web: www.trailerwrap.net, http://fgt.ieb.kit.edu

University of Wuppertal

» **SMARTBOX** (P.174)

Address: Pauluskirchstraße 7, Gebäude HC,
Solar Decathlon Projekt Studio, 42285 Wuppertal
Country: GERMANY
Tel: +49 202 439 4147
Email: bettinatitz@googlemail.com
Web: www.sdeurope.uni-wuppertal.de

Virginia Tech University

» **LUMENHAUS** (P.156)

Address: 201 Cowgill Hall, Blacksburg, Virginia 24060
Country: USA
Web: www.lumenhaus.com/eu

VisionDivision

» **PEAK SERIES** (P.204)

Address: Granits väg 2, 17165 Solna
Country: SWEDEN
Email: visiondivision@gmail.com
Web: www.visiondivision.com

PICTURE CREDITS

写真クレジット

002-003 Ester Havlová, **008** Ivan Brodey, **009** [左から右、上から下] dmvA Architecten, Ester Havlová, Patkau Architects, Bureau Ira Koers, Sebastian Salopiata, Steffen Jaenicke, Pasi Aalto, Mika Fowler, **011** [最上列・左から] Bureau Ira Koers, Stirling Elmendorf Photography, Sebastian Cerda Pé, Patkau Architects, [2列目・左から] Jim Stroup, Ben Rahn/A-Frame Inc, Kyle Gudsell, [3列目・左から] Sebastian Cerda Pé, Sebastian Salopiata, Ester Havlová, Ester Havlová, [4列目・左から] Bon Sens:Gonzalo Rodriguez/Benoit Beaupuy, Adrià Goula, Ivan Brodey, VisionDivision, [最下列・左から] University of Applied Sciences/Rosenheim/Germany:Oliver Pausch, wooseop Hwang, Bureau Ira Koers, **012** Suppose Design Office, **015-017** Ester Havlová, **018-021** Suppose Design Office, **022-025** BAK Arquitectos, **027-031** Matevz Paternoster, **033-035** Jon Benjamin Photography, **036-041** Caramel J, **043-047** michael de león, **048-051** Andres Garcia lachner, **052-053** Johan Robach, **054** [上列] matti marttinen, [下] Johan Robach, **055** matti marttinen, **056** Héctor Fernández Santos-Díez, **059** dmvA Architecten, **060** Frederik vercruysse, **061** dmvA Architecten, **062** [左] Frederik vercruysse, **062-063** dmvA Architecten, **065-067** Confused-Direction, **069-071** Steffen Jaenicke, **072** [最上列] Studio Aisslinger, [中列・下列] Hannes meraner, **073** Studio Aisslinger, **075-077** Broissin Architects, **079-081** Sebastian Salopiata, **083** ©2010 Brad Feinknopf, **084** [左上・右段] ©2010 Brad Feinknopf, [左下] Lisa Tilder/Stephen Turk, **085** ©2010 Brad Feinknopf, **087-089** Brett Boardman, **090-093** Héctor Fernández Santos-Díez, **094** Craig Chatman, **097-099** Sebastian Cerda Pé, **101-105** Bureau Ira Koers, **107** Mika Fowler, **108** [左上] Mika Fowler, [右上・下] Mark Williams, **109** Mika Fowler, **110-113** Cyril Brulé/Atelier Correia, **114-117** AdDa, **118-123** Ben Rahn/A-Frame Inc, **124-127** Wooseop Hwang, **128-130** Conjunction:Jens Klevje, Fabian Svensson, **131** Kyle Gudsell, **132-135** Craig Chatman, **136** University of Applied Sciences, Rosenheim, Germany/Oliver Pausch, **139-141** Takumi Ota, **143** Ivan Brodey, **144** [左段] Rintala Eggertsson, [右段] Ivan Brodey, **145** [左上と右下] Sami Rintala, [左下] Rintala Eggertsson, [右上] Are Carlsen, **147-151** Chris Goodney; **152-153** Steve Winter; **154** [左] Dave Nedrow, [右中] Jim Tetro/US Department of Energy:Office of Energy Efficiency and Renewable Energy, **155** JimTetro/US Department of Energy:Office of Energy Efficiency and Renewable Energy, **157-159** Jim Stroup/virginia Tech, **160-163** University of Applied Sciences, Rosenheim, Germany/Oliver Pausch, **165-167** Bon Sens:Gonzalo Rodriquez/Benoit Beaupuy, **169-173** Adrià Goula, **175-177** Team Wuppertal, **178-179** Amparo Garrido, **180** Sebastian Cerda Pé, **183-185** Ryszard Rychlicki/2RAM, **187-189** Sebastian Cerda Pé, **190-192** Stirling Elmendorf Photography, **193** [左下] Joseph Bellomo Architects, [右段] Stirling Elmendorf Photography, **194-197** Patkau Architects, **198-203** Pasi Aalto, **205-207** VisionDivision, **209** Ramiro Ramirez, **210** Ramiro Ramirez, **211** Alejandro Aravena:Fernando García-Huidobro, **212-213** Ramiro Ramirez

NANO HOUSE
世界で一番小さな家

2013年3月23日　初版第1刷発行

著　者　フィリス・リチャードソン
訳　者　寿藤美智子
発行者　澤井聖一
発行所　株式会社エクスナレッジ
〒106-0032　東京都港区六本木7-2-26
http://www.xknowledge.co.jp/

本書に関する問合せ先
編 集／Fax 03-3403-0582
info@xknowledge.co.jp
販 売／Tel 03-3403-1321
Fax 03-3403-1829

Printed in China